«Te conmoverán los relatos sinceros, sencillos e ingenuos de un niñito que ha estado en el cielo. Este es un libro irresistible y convincente que debes leer. Si estás listo para ir al cielo, este libro te inspirará. Si no estás listo para el cielo, permite que este niñito te dirija. Como dice Colton: *El cielo es real*».

—Don Piper
Conferencista y escritor,
90 minutos en el cielo

«De vez en cuando llega un manuscrito a mi escritorio cuyo título logra intrigarme. Eso fue lo que ocurrió con este libro en particular llamado *El cielo es real*. Pensé que simplemente lo hojearía, pero no pude soltarlo. Lo leí de tapa a tapa. La historia me impactó muchísimo. Es un libro que no sólo provocará que ames más a Dios y le temas menos a la muerte, sino que te ayudará a entender que el cielo no es un lugar donde simplemente te la pasas sentado por miles de años cantando *Kumbayá*. Es un lugar donde comenzamos a vivir como se suponía que viviéramos siempre, antes de la caída. Si el cielo es algo que te intriga o te inquieta, si te preguntas cómo serán nuestras vidas allí, entonces te recomiendo muchísimo este libro».

—Sheila Walsh
Conferencista de Women of Faith
y escritora,
Déjalo en las manos de Dios

«El cielo no es un premio de consolación. Es un lugar real que será el hogar eterno de todos los que creen. Emprende esta jornada junto a Colton y a Todd, a medida que ellos describen de primera mano las maravillas, misterios y majestad del cielo. Este libro hará que la tierra cobre un mayor significado y que el futuro sea más esperanzador».

—Brady Boyd
Pastor principal, New Life Church
Colorado Springs

«Ha habido muchas historias de experiencias "cercanas a la muerte" que simplemente no he leído porque en verdad no sabía si podía confiar en el autor. Bueno, leí este libro de tapa a tapa y, lo que es más importante, ¡no encontraba cómo soltarlo! ¿Por qué? Porque conozco al autor y le creo. Todd Burpo nos otorga un maravilloso regalo a medida que él y su hijo levantan el velo a la eternidad, permitiéndonos echar un rápido vistazo a lo que nos espera del otro lado».

—Dr. Everett Piper
Presidente, Oklahoma Wesleyan
University
Escritor, *Why I'm a Liberal and Other Conservative Ideas*
[Porqué soy liberal y otras ideas conservadoras]

«En este hermoso y brillantemente redactado libro, Colton, de cuatro años, tiene una "experiencia cercana a la muerte" (ECM) mientras está bajo los efectos de anestesia. He estudiado científicamente más de 1,600 casos de ECM y he encontrado que esto puede ocurrir en niños muy pequeños y mientras están bajo anestesia. Aún después de haber estudiado tanto casos de ECM, considero que la experiencia de Colton es dramática, excepcional e inspiradora para los cristianos en cualquier lugar».

—Jeffrey Long, MD
Fundador, Near Death Experience
Research Foundation
Escritor, *Evidence of the Afterlife: The Science of Near-Death Experiences* [Evidencia del más allá: La ciencia detrás de las experiencias cercanas a la muerte]

«Un vistazo al cielo, hermosamente redactado, que alentará a aquellos que dudan y emocionará a aquellos que creen».

—Ron Hall
Coescritor, *Same Kind of Different as Me*

«Algunas historias desean ser contadas. Simplemente tienen vida en ellas mismas. El libro que sostienes en tus manos es sencillamente una de esas historias. Pero no se quedará contigo mucho tiempo... infiltrará tus conversaciones en la búsqueda de alguien que todavía no la haya escuchado. Estoy seguro que te pasará porque eso fue lo que me ocurrió a mí».

—Phil McCallum
Pastor principal, Evergreen
Community Church
Bothell, Washington

«La Biblia describe el cielo como la morada de Dios. Es un lugar real en el que todos aquellos que someten sus vidas a Dios tendrán una morada eterna. En este libro, Todd Burpo transmite el relato de la experiencia de su hijo cuando éste estaba en una cirugía a causa de un apéndice reventado. Es un relato sincero, conmovedor y alentador para todos los que tenemos una esperanza eterna».

—Robert Morris
Pastor, Gateway Church
Southlake, Texas

«*El cielo es real* es un libro maravilloso que reafirma cuán importante es la fe en nuestras vidas, tanto para los niños como para los adultos».

—Timothy P. O'Holleran, MD

«La historia de Colton pudo haber estado en el Nuevo Testamento, pero Dios decidió hablarnos en este siglo veintiuno a través de los ojos intachables de un niño, para así revelar algunos de los misterios del cielo. La redacción es convincente y la verdad es asombrosa, lo que nos provoca hambre de mucho más».

—Jo Anne Lyon
Superintendente general, The
Wesleyan Church

«¡Dios es tan creativo y creíble! Los descubrimientos de este libro amplificarán esta realidad de nuevas maneras. Conozco a Colton desde que nació. Para cuando comenzó a dar sus primeros pasos, ya tenía un profundo interés espiritual y mucha intensidad. Cuando tenía cerca de tres años, se sentó en mi rodilla, me miró a los ojos y me preguntó si yo quería ir al cielo cuando muriera. Luego me dijo: "Necesitas tener a Jesús en tu corazón". Elogio este libro por su fresca perspectiva en la realidad de Dios, quien con frecuencia parece estar escondido, y sin embargo, interrumpe Su agenda».

—Phill Harris
Superintendente de distrito,
Distrito de Colorado-Nebraska de
la Iglesia Wesleyana

El cielo es real

El cielo es real

La asombrosa historia de un niño pequeño
de su viaje al cielo de ida y vuelta

Todd Burpo

Con Lynn Vincent

GRUPO NELSON
Una división de Thomas Nelson Publishers
Desde 1798

NASHVILLE   DALLAS   MÉXICO DF.   RÍO DE JANEIRO

Título en inglés: *Heaven is for Real*
© 2010 por Todd Burpo
Publicado por Thomas Nelson, Inc.

Editora general: *Graciela Lelli*
Traducción: *Traductores en Red*
Adaptación del diseño al español: *Grupo Nivel Uno, Inc.*

ISBN: 978-1-60255-438-2

Impreso en Estados Unidos de América

11 12 13 14 15 BTY 9 8 7 6 5

«*Les aseguro que a menos que ustedes cambien y se vuelvan como niños, no entrarán en el reino de los cielos*».

—JESÚS DE NAZARET

CONTENIDO

AGRADECIMIENTOS

Al contar la historia de Colton hemos tenido la oportunidad de trabajar no sólo con profesionales dedicados, sino con personas muy genuinas y cariñosas. Es cierto que nos han impresionado con su conocimiento y habilidad; sin embargo, Sonja y yo nos hemos deleitado más con el carácter y el corazón de cada una de ellas.

Phil McCallum, Joel Kneedler, Lynn Vincent, and Debbie Wickwire no sólo han invertido sus vidas en este libro; también han enriquecido a nuestra familia. Sin su enorme esfuerzo y sus espíritus sensibles *El cielo es real* nunca se habría desarrollado tan maravillosamente.

Agradecemos a Dios diariamente por reunir a este equipo tan dotado y talentoso para ayudarnos a contar la historia de Colton. Cada uno ha sido una bendición para nosotros.

Sonja y yo contamos con el maravilloso privilegio de llamarles nuestros amigos.

PRÓLOGO

Ángeles en Arby's

En Estados Unidos, la festividad del 4 de julio hace pensar en desfiles patrióticos, asados a la parrilla, maíz dulce y cielos nocturnos salpicados de fuegos artificiales. Para mi familia, sin embargo, el fin de semana del 4 de julio de 2003 fue importante por otro motivo.

Mi esposa Sonja y yo habíamos planeado ir con nuestros hijos a visitar a Steve —hermano de Sonja— y a su familia en Sioux Falls, Dakota del Sur. En ese viaje conoceríamos a nuestro sobrino, Bennett, de apenas dos meses. Además, nuestros hijos, Cassie y Colton, no conocían las cascadas (sí, ¡realmente hay unas cascadas llamadas Sioux Falls en la ciudad Sioux Falls!) Pero lo más importante de todo era que esta sería la primera vez que saldríamos de nuestra ciudad, Imperial, en Nebraska, desde el viaje familiar que hicimos en marzo a Greeley, Colorado, y que se transformó en la peor pesadilla de nuestras vidas.

Llámanos locos, si quieres, pero debido a que la última vez que hicimos un viaje familiar uno de nuestros hijos casi se nos muere, esta vez estábamos un poco aprensivos, al punto de no querer hacer el viaje. Como pastor que soy, no creo en supersticiones, pero aun así una parte de mí sentía que si nos quedábamos cerca de casa, estaríamos a salvo. De cualquier modo, finalmente ganó la razón y la tentación de conocer al pequeño Bennett, quién, según Steve, era el bebé más hermoso del mundo. De manera que cargamos nuestro Ford Expedition azul con todo lo que necesitaríamos para un fin de semana y preparamos a la familia para un viaje rumbo al norte.

Sonja y yo decidimos que lo mejor sería hacer la mayor parte del viaje durante la noche. De esta manera, si bien Colton estaría preso en su asiento de seguridad a pesar de sus cuatro años, al menos dormiría la mayor parte del viaje. De modo que, pasadas las ocho de la noche, subimos al Expedition, lo saqué del estacionamiento, pasé junto a la iglesia Wesleyana de Crossroads —de la cual soy pastor— y tomé la autopista 61.

La noche estaba despejada y clara, y una media luna se recostaba sobre el cielo aterciopelado. Imperial es un pueblito agrícola ubicado en el límite occidental de Nebraska. Con apenas dos mil almas y ni un semáforo, es la clase de pueblo que tiene más iglesias que bancos, donde los agricultores abandonan sus campos al mediodía para almorzar en el café que es propiedad de su familia, con sus botas de trabajo Wolverine, sus gorras con visera John Deere y sus tenazas para alambrar colgando del cinturón. Así que, Cassie —a la sazón, de seis años— y Colton estaban entusiasmados por el viaje a la «gran ciudad» de Sioux Falls para conocer a su primo recién nacido.

Los niños se la pasaron hablando durante los 140 kilómetros que nos separaban de la ciudad de North Platte, mientras Colton jugaba a que sus figuras de acción de superhéroes libraban batallas y salvaban el mundo una y otra vez. No eran aún las diez de la noche cuando llegamos a la ciudad de unos 24,000 habitantes, cuyo principal motivo de fama es que fue el hogar del famoso Buffalo Bill Cody.

North Platte sería prácticamente la última parada con gente que haríamos esa noche en nuestro camino hacia el noreste a través de grandes extensiones de campos de maíz en los que no había otra cosa que venados, faisanes y una que otra granja. Habíamos planeado detenernos aquí para llenar tanto el tanque de gasolina como nuestros estómagos.

Tras cargar gasolina en una estación de servicio Sinclair, tomamos la calle Jeffers cruzando un semáforo donde, si doblábamos a la izquierda, encontraríamos el Centro Médico Regional Great Plains. En marzo habíamos pasado en ese lugar quince días de pesadilla, la mayor parte de los cuales habían transcurrido de rodillas mientras le pedíamos a Dios que mantuviera con vida a Colton. Dios escuchó nuestros ruegos, pero Sonja y yo bromeamos que la experiencia nos había restado años de nuestras vidas.

A veces la risa es la única forma de procesar momentos difíciles, de manera que, cuando pasamos por esa calle decidí bromear un poco con Colton.

—Oye, Colton —dije—. Si doblamos aquí, podemos regresar al hospital. ¿Quieres regresar al hospital?

Nuestro pequeño rió en la oscuridad.

—¡No, papi, no me lleves allí! Mejor lleva a Cassie.

Sentada junto a él, su hermana rió.

—¡Nooo! ¡Yo tampoco quiero ir!

En el asiento del acompañante, Sonja se volvió para mirar a nuestro hijo, cuyo asiento de seguridad estaba ubicado detrás de mí. Imaginé su cabello rubio cortado a ras y sus ojos azul cielo destellando en la oscuridad.

—¿Recuerdas el hospital? —le preguntó Sonja.

—Sí, mami, lo recuerdo. Allí fue donde los ángeles me cantaron una canción.

Dentro del vehículo el tiempo se congeló. Sonja y yo nos miramos mientras intercambiábamos un mensaje en silencio: *¿Dijo lo que creo que dijo?*

Sonja se inclinó hacia mí y susurró:

—¿Te ha hablado antes de ángeles?

Negué con la cabeza.

—¿Y a ti?

Su respuesta también fue negativa.

Vi un restaurante Arby's, conduje al estacionamiento y apagué el motor. La luz blanca de un farol se filtraba dentro de nuestro auto. Aún en mi asiento, miré hacia atrás, a Colton. Me impactó su pequeñez. Era un chiquillo que todavía hablaba con la adorable inocencia —a veces, embarazosa— de llamar a las cosas por su nombre. Si tienes hijos, sabrás a qué me refiero: esa edad en la que un niño puede señalar a una mujer embarazada y preguntar (en voz muy alta): «Papá, ¿por qué es tan gorda esa señora?» Colton se encontraba en esa breve época de la vida en la que todavía no había aprendido tacto ni mañas.

Todos estos pensamientos cruzaban mi mente mientras intentaba decidir qué contestarle a la sencilla afirmación de mi hijo de cuatro años de que unos *ángeles* le habían cantado. Finalmente, me lancé:

—Colton, ¿dijiste que unos ángeles te cantaron cuando estabas en el hospital?

Asintió vigorosamente con la cabeza.

—¿Qué te cantaron?

Colton llevó la vista hacia arriba y a la derecha con actitud evocadora.

—Pues, cantaron «Jesús me ama» y «Josué peleó la batalla de Jericó». Les pedí que cantaran un rock de Queen, pero no quisieron hacerlo.

Mientras Cassie se reía en voz baja, noté que la respuesta de Colton había sido rápida y directa, sin una gota de indecisión.

Sonja y yo volvimos a intercambiar miradas.

¿Qué está pasando aquí? ¿Acaso tuvo un sueño en el hospital?

También flotaba entre nosotros una pregunta que no hacía falta expresar: «*¿Qué le decimos ahora?*»

Se me ocurrió preguntarle, como algo completamente natural:

—¿Cómo eran los ángeles?

Ahogó una risita, motivada al parecer por un recuerdo.

—Pues, uno de ellos se parecía al abuelito Dennis, pero no era él. El abuelito usa anteojos.

Luego, se puso serio.

—Papá, Jesús le pidió a los ángeles que me cantaran porque yo estaba muy asustado. Me hicieron sentir mejor.

—¿*Jesús?*

Miré a Sonja una vez más y noté que estaba boquiabierta. Volví la vista a Colton.

—¿Quieres decir que Jesús estaba allí?

Mi hijo asintió con la cabeza con la misma naturalidad con la que afirmaría haber visto una mariposa en el jardín.

—Sí, Jesús estaba allí.

—Pero, ¿dónde estaba Jesús?

Colton me miró a los ojos.

—Yo estaba sentado en el regazo de Jesús.

Si las conversaciones tuvieran un botón de «pausa», estoy seguro de que la frase de mi hijo sería uno de ellos. Pasmados al punto de no poder emitir palabra, Sonja y yo intercambiamos miradas y un telegrama mudo: *De acuerdo, entonces. Necesitamos hablar de esto.*

Nos bajamos de la Expedition y entramos en tropel a Arby's. Unos minutos más tarde, salíamos del restaurante de comida rápida con una bolsa llena de comida. Durante todo ese tiempo, Sonja y yo hablamos en susurros.

—¿Crees que realmente vio ángeles?

—¡¿Y a *Jesús*?!

—No lo sé.

—¿Lo habrá soñado?

—No sé... Parece tan seguro.

De regreso en el vehículo, Sonja repartió los emparedados y las papitas fritas.

Yo me aventuré a hacer otra pregunta:

—Colton, ¿dónde estabas cuando viste a Jesús?

Me miró como si dijera «*¿No acabamos de hablar de eso?*»

—En el hospital, cuando el doctor O'Holleran me atendía.

—Pero el doctor O'Holleran te atendió más de una vez, ¿recuerdas?

En el hospital, a Colton le habían hecho una apendicetomía de emergencia y luego una limpieza abdominal. Más tarde, lo habíamos llevado para que le quitaran una cicatriz queloide, pero eso ya fue en el consultorio del doctor.

—¿Estás seguro que fue en el hospital?

Colton asintió con la cabeza.

—Sí, en el hospital. Mientras yo estaba con Jesús, tú orabas y mami hablaba por teléfono.

—¿*Qué*?

Eso significaba que, sin lugar a dudas, estaba hablando del hospital. Pero, ¿cómo podía saber qué hacíamos nosotros en ese momento?

—Pero, hijo —insistí—, tú estabas en la sala de operaciones en ese momento. ¿Cómo puedes saber qué estábamos haciendo?

—Porque podía verlos —respondió Colton con total naturalidad—. Salí de mi cuerpo, miré hacia abajo y pude ver al doctor trabajando con mi cuerpo. También los vi a ti y a mamá. Tú estabas solo en un cuarto pequeñito, orando, y mamá estaba en otra habitación. También oraba y hablaba por teléfono.

Las palabras de Colton me sacudieron. Sonja tenía los ojos abiertos de par en par, pero no decía nada. Sólo me miraba fijamente mientras, distraída, daba un mordisco a su emparedado.

Era suficiente información por el momento. Encendí el motor y empecé a conducir nuevamente hacia Dakota del Sur. En la autopista I-80 se extendían, a ambos lados, tierras de pastoreo salpicadas de lagunas con patos que brillaban bajo la luz de la luna. A esa altura, ya era muy tarde y todos dormían, tal como lo habíamos planeado.

La Expedition zumbaba por el camino, y yo estaba maravillado por lo que acababa de oír. Nuestro pequeño había dicho cosas increíbles y había respaldado todos sus dichos con datos bastante creíbles, cosas que no había forma de que supiera. No le habíamos contado lo que habíamos hecho durante su cirugía mientras él estaba inconsciente —al menos, eso creíamos— bajo los efectos de la anestesia.

Me preguntaba una y otra vez: *¿Cómo puede haberlo sabido?*

Para cuando cruzamos el límite estatal de Dakota del Sur, tenía otra pregunta en mente: *¿Era real todo eso?*

UNO

EL COLISEO DE LOS INSECTOS

El viaje familiar en el que comenzó nuestra pesadilla estaba originalmente planeado como una celebración. A principios de marzo de 2003, tenía que viajar a Greeley, Colorado, para una reunión distrital de la junta directiva de la Iglesia Wesleyana. Los meses anteriores a esto, desde agosto, habían sido difíciles para nuestra familia: siete meses de lesiones y enfermedades una detrás de otra, que incluyeron una pierna fracturada, dos cirugías y un posible cáncer. Esta combinación había vaciado nuestra cuenta bancaria al punto que casi oía el ruido de una aspiradora cada vez que llegaba el estado de cuenta por correo. Mi magro salario de pastor no se había visto afectado; sin embargo, nuestro principal sostén económico era la compañía de portones para garaje que poseíamos. Nuestros problemas médicos habían causado estragos a nuestras finanzas.

No obstante, ya en febrero parecía que habíamos dejado todo eso atrás. Como tenía que viajar, decidimos transformar mi viaje de trabajo en una especie de hito en nuestra vida familiar: un momento para divertirnos un poco, renovar la mente y el espíritu, y seguir adelante con nuevas esperanzas.

Sonja había escuchado que muy cerca de Denver había un lugar fantástico para los niños llamado *Butterfly Pavilion*, o «el pabellón de las mariposas». Publicitado como un «zoológico de invertebrados», el *Butterfly Pavilion* se había inaugurado en 1995 como un proyecto educativo para dar a conocer las maravillas del mundo de los insectos y de criaturas marinas que viven en lugares como las pozas de marea. Hoy día, una enorme y vistosa escultura de una mantis religiosa recibe a los niños que visitan el zoológico. Sin embargo, en el 2003 el insecto gigante aún no había ocupado su lugar, y la fachada del pequeño edificio de ladrillo a quince minutos del centro de Denver no gritaba «¡chicos entren!». De cualquier modo, detrás de esos muros había un mundo de maravillas a la espera de niños de la edad de Colton y Cassie.

Nuestra primera parada fue «El coliseo de los insectos», una sala llena de una gran variedad de criaturas terrestres que iban desde escarabajos hasta arañas y cucarachas. Una de las muestras, la Torre Tarántula, atrajo a Cassie y Colton como un imán. Esta pila de insectos —tal como lo anunciaban— era una torre con paredes de vidrio repleta de esas arañas peludas y de patas gruesas que tanto pueden fascinarte como espantarte.

Cassie y Colton se turnaron para subir a la escalera plegable de tres escalones que les permitía ver a los residentes de las plantas más altas de la Torre Tarántula. Una tarántula rubia mexicana acechaba desde un rincón, con el exoesqueleto cubierto de lo que un letrero describía como pelo de un «adorable» color claro. En otro hábitat había una tarántula roja y negra proveniente de la India. Uno de los residentes más temibles era una «tarántula esqueleto», llamada de esta manera porque tiene las patas negras con rayas blancas, lo que hace que la araña parezca una radiografía, pero al revés. Nos dijeron que la tarántula esqueleto que exhibían era un poco rebelde y que, en una ocasión, se había fugado de su hábitat para invadir el que tenía más cerca y comerse a su vecino como almuerzo.

Mientras Colton se subía de un salto a la escalerita para ver cómo era esa pícara tarántula, me dedicó una sonrisa que me derritió. Los músculos del cuello comenzaron a relajarse, y en alguna parte en mi interior se soltó una válvula de presión, el equivalente emocional de un largo suspiro. Por primera vez en meses, sentí que sencillamente podía disfrutar de mi familia.

«Guao, ¡mira aquella!», dijo Cassie señalando uno de los insectos. Mi hija, con sus seis años y algo desgarbada, tenía una inteligencia afilada como un cuchillo, cualidad heredada de su madre. Cassie señalaba el letrero de la exposición, que decía: «Tarántula Goliat… las hembras pueden llegar a medir más de veintiocho centímetros de largo».

Aquella tarántula no medía más de quince centímetros pero tenía un cuerpo tan grueso como la muñeca de Colton. Nuestro hijo miraba a través del vidrio con los ojos bien abiertos. Sonja, por su parte, fruncía la nariz.

Supongo que uno de los cuidadores voluntarios del zoológico también vio la expresión de Sonja porque intervino rápidamente en defensa del arácnido. «La Goliat es originaria de Sudamérica», dijo en un tono de voz amistoso y educativo que insinuaba *no son tan repulsivas como crees*. «Las tarántulas de América del Norte y del Sur son muy dóciles. Si alguien quiere, puede sostener a una allí», dijo señalando a otro cuidador que tenía una tarántula más pequeña en la mano para que un grupo de niños pudieran verla más de cerca.

Cassie atravesó el salón a toda velocidad para ver de qué se trataba todo aquello. Sonja, Colton y yo la seguimos. En un rincón del salón que estaba decorado como si fuera una cabaña de bambú, el cuidador mostraba a la estrella indiscutida del coliseo de los insectos: la araña Rosie. Se trataba de una tarántula de pelo rosado proveniente de Sudamérica, con el cuerpo del tamaño de una ciruela y patas de quince centímetros de largo, gruesas como un lápiz. Pero lo mejor de Rosie —desde el punto de vista de un niño— era que si tenías la valentía necesaria para sostenerla, aunque fuera por un momento, el cuidador te regalaba una pegatina como premio.

Si tienes niños, ya debes saber que hay momentos en los que ellos prefieren una pegatina a un puñado de billetes. Además, esta era especial: era blanca con un dibujo de la tarántula en amarillo y decía: «¡Sostuve a Rosie!»

No era una pegatina cualquiera... ¡era una medalla de valentía!

Cassie se inclinó sobre la mano del guardián. Colton me miró con sus ojos azules bien abiertos. «¿Puedo tener una pegatina, papi?»

«Tienes que sostener a Rosie para que te den una pegatina, amiguito».

A esa edad, Colton tenía una manera de hablar preciosa en la que se mezclaban la seriedad y el asombro. Era un niño inteligente y gracioso que veía la vida en blanco y negro. Las cosas podían ser divertidas (los LEGO) o no (las Barbies). Había comidas que le gustaban (la carne) o que odiaba (la col). Estaban los buenos y los malos, y sus juguetes preferidos eran las figuras de acción de los buenos. Los superhéroes eran lo máximo para Colton. Llevaba a todas partes sus muñecos del Hombre Araña, Batman y Buzz Lightyear. De esa manera, ya fuera que estuviese en el asiento trasero de la Expedition, en una sala de espera o en el piso de la iglesia, podía crear historias en las que los buenos salvaban el mundo. Por lo general, esto incluía espadas, el arma preferida de Colton a la hora de acabar con el mal. En casa, *él mismo* podía ser el superhéroe. A menudo cuando llegaba, encontraba a Colton armado hasta los dientes, con una espada de juguete atravesada a cada lado del cinturón y sendas espadas en las manos. «¡Estoy jugando al Zorro, papi!», me decía. «¿Quieres jugar?»

Colton miraba a la araña en la mano del cuidador, y se me ocurrió que mi hijo deseaba tener una espada a mano, al menos como apoyo moral. Intenté imaginar cuán grande debía de parecer esa araña para un chiquillo que no medía más de un metro veinte. Nuestro hijo era todo un varoncito, un niño rudo que había tenido relaciones personales y cercanas con montones de hormigas, escarabajos y otras criaturas similares. Pero ninguno de esos insectos era tan grande como su propio rostro o tenía pelos tan largos como los suyos.

Cassie se irguió y le sonrió a Sonja.

—Yo la sostendré, mami. ¿Puedo sostener a Rosie?»

—Sí, pero tendrás que esperar tu turno —le dijo Sonja.

Cassie se puso en la fila detrás de otros niños. Los ojos de Colton no se apartaron de Rosie, mientras un niño primero y una niña después sostenían a la enorme araña y recibían del cuidador la preciada pegatina. Pronto llegó la hora de la verdad para Cassie. Colton se abrazó a mis piernas y se apretó contra mis rodillas; estaba lo suficientemente cerca como para ver a su hermana pero era como si a la vez quisiera salir corriendo. Cassie abrió la mano y todos vimos cómo Rosie, una experta en tratar con seres humanos pequeños y curiosos, levantaba de a una pata peluda por vez y corría de la mano de su cuidador a la de Cassie, y de regreso a la mano del cuidador.

—¡Lo lograste! —dijo el guardián, mientras Sonja y yo aplaudíamos y vitoreábamos a nuestra hija—. ¡Buen trabajo!

Acto seguido, el cuidador se irguió, sacó una pegatina blanca y amarilla de un gran rollo y se la entregó a Cassie.

Esto, por supuesto, empeoró las cosas para Colton, que no sólo había perdido protagonismo a manos de su hermana, sino que además era el único niño de la familia Burpo sin pegatina. Echó una mirada llena de añoranza al premio de Cassie y luego miró a Rosie. Yo veía cómo intentaba vencer el miedo. Finalmente, frunció los labios, quitó la vista de Rosie y la depositó sobre mí.

—No quiero sostenerla —dijo.

—De acuerdo —contesté.

—Pero, ¿puedo tener una pegatina?

—No. Sólo conseguirás una pegatina si sostienes a Rosie. Cassie lo hizo. Tú también puedes hacerlo si lo deseas. ¿Quieres intentarlo? Es sólo un segundo.

Colton volvió a mirar a la araña y luego a su hermana, y yo podía ver cómo le trabajaba el cerebro.

Cassie lo hizo. La araña no la mordió.

Negó firmemente con la cabeza.

—¡No! Pero *igual* quiero la *pegatina*! —insistió.

A Colton le faltaban dos meses para cumplir cuatro años, y era experto en mantenerse firme en su postura.

—Sólo te darán una pegatina si sostienes a Rosie» —dijo Sonja—. ¿Estás seguro de que no quieres sostenerla?

A modo de respuesta, Colton tomó la mano de Sonja e intentó arrastrarla lejos del cuidador.

—No, quiero ir a ver la estrella de mar.

—¿Estás seguro? —preguntó Sonja.

Con un vigoroso movimiento afirmativo de cabeza, Colton se encaminó hacia la puerta del coliseo de los insectos.

DOS

EL PASTOR JOB

En el salón contiguo, encontramos una serie de acuarios y «pozas de marea» bajo techo. Los recorrimos para admirar estrellas de mar, moluscos y anémonas que parecían flores subacuáticas. Cassie y Colton dejaban escapar suspiros de admiración mientras sumergían las manos en pozas de marea artificiales y tocaban criaturas que nunca antes habían visto.

Luego salimos a un atrio enorme, rebosante de follaje selvático, enredaderas colgantes y ramas que trepaban hasta el cielo. Observé las palmeras y las flores exóticas; parecían salidas de uno de los libros de cuentos de Colton. A nuestro alrededor, revoloteaban y se arremolinaban nubes de mariposas.

Mientras los niños exploraban, dejé que mi mente vagara hasta el verano anterior, cuando Sonja y yo —como todos los años—, jugamos en una liga mixta de sóftbol. Por lo general, terminábamos entre los primeros cinco, aun cuando jugábamos en el equipo de los «viejos» —léase, personas mayores de treinta años— contra equipos de chicos que todavía no entraban a la universidad. Ahora percibo la ironía de que el calvario de siete meses que enfrentó nuestra familia comenzara con una lesión en el último juego del último torneo de la temporada 2002. Yo jugaba de jardinero central, y Sonja como defensora. Para ese entonces, Sonja había obtenido una maestría en ciencias bibliotecarias, y me parecía más hermosa que cuando me llamó la atención por primera vez, cuando era una estudiante de primer año de la entonces Universidad Wesleyana de Bartlesville y la descubrí cruzando el patio.

Si bien estaba terminando el verano, los días eran muy calientes y el calor penetrante hacía echar de menos la lluvia. Habíamos recorrido los treinta kilómetros que separan a Imperial de Wauneta para jugar un partido de campeonato de doble eliminación. Casi era medianoche, y luchábamos por avanzar en la eliminatoria bajo el azul blanquecino de las luces del campo.

No recuerdo cómo iba el marcador, pero sí que el encuentro estaba a punto de terminar y teníamos posibilidades de vencer. Yo había bateado un doble y esperaba en segunda base. Nuestro siguiente bateador le dio a la bola, que aterrizó en el jardín central. Era mi oportunidad. Mientras un defensor corría por la bola, salí disparado hacia tercera base.

La bola volaba hacia el campo interno.

Nuestro entrenador de tercera base me hacía señas, frenético: «¡Tírate! ¡Tírate!»

Con la adrenalina en aumento, me arrojé al piso y sentí la tierra roja crujiendo debajo de mi cadera izquierda. El jugador de tercera base del otro equipo estiró la mano con el guante para atrapar la bola y...

¡Crack!

El ruido que hizo mi pierna al quebrarse fue tan fuerte que creí que la bola había venido zumbando desde el campo exterior y me había golpeado con toda su fuerza. Sentía fuego en la espinilla y el tobillo. Me dejé caer de espaldas, adopté posición fetal y me llevé la rodilla al estómago. El dolor era punzante, y recuerdo que el campo a mi alrededor se transformó en un embrollo de piernas y rostros preocupados mientras dos de mis compañeros, ambos técnicos en emergencias médicas, corrían en mi auxilio.

Tengo un leve recuerdo de Sonja corriendo hacia mí para ver qué sucedía. Por su expresión, me di cuenta de que mi pierna estaba doblada de una manera que no parecía natural. Sonja dio un paso atrás para dejar que nuestros amigos expertos en emergencias hicieran su trabajo. Treinta kilómetros después, los rayos X del hospital mostraron un par de fracturas serias. La tibia —el hueso más largo de la mitad inferior de la pierna—, había sufrido lo que los doctores llaman «fractura espiroidal», lo que quiere decir que ambos extremos de la fractura se veían como el patrón en espiral de las brocas de un taladro. Además, tenía el tobillo partido en dos. Posiblemente, el crujido que escuché había sido esa fractura. Luego me enteré de que el ruido había sido tan fuerte que el público sentado en las gradas de primera base lo había escuchado.

Volví a oír ese sonido en mi mente mientras Sonja y yo observábamos a Cassie y Colton corretear delante de nosotros en el atrio del Pabellón de las Mariposas. Los niños se detuvieron sobre un pequeño puente y miraron el estanque con carpas japonesas que tenían debajo, mientras hablaban y señalaban. Nubes de mariposas flotaban alrededor, y eché un vistazo al folleto que había comprado al entrar para ver si podía identificar alguna. Había «mariposas azules» con alas de un profundo color aguamarina, «mariposas de papel de arroz» con alas en blanco y negro que volaban lenta y suavemente como recortes de periódico flotando en el aire, y «mariposas amarillas», una variedad de mariposas tropicales con alas del color del mango fresco.

A esa altura, estaba contento por poder caminar nuevamente sin cojera. Además del dolor punzante ocasionado por la fractura en espiral, el efecto más inmediato del accidente fue financiero. Es bastante difícil subir y bajar escaleras de mano para instalar portones de garaje cuando tienes una rodilla que no puedes flexionar y una pierna enyesada que pesa cinco kilogramos más de lo normal. Nuestro saldo bancario cayó en picada de manera repentina. Con un salario de pastor digno de un obrero, todas nuestras reservas se evaporaron en cuestión de semanas. Además, nuestros ingresos habituales se redujeron a la mitad.

Sin embargo, los inconvenientes que trajo la fractura fueron más allá del dinero. Yo era bombero voluntario y entrenador de lucha grecorromana en la escuela secundaria, y ambos compromisos sufrieron a causa de mi pierna maltrecha. Los domingos también se convirtieron en un desafío. Soy de esos pastores que caminan de un lado al otro durante el sermón. No soy un pastor apocalíptico que demuestra su fervor extático con gritos o rodando por el suelo, pero tampoco un ministro con vestiduras que realiza

Tenía otra molestia. Me parecía un asunto menor como para mencionarlo, pero lo cierto era que, en el lado izquierdo del pecho, me había salido un nódulo justo debajo de la superficie de la tetilla. Soy diestro y para escribir me había tenido que apoyar mucho sobre la muleta izquierda, por lo que pensé que quizá la almohadilla para la axila se me había estado frotando contra el pecho durante varias semanas y ocasionado algún tipo de irritación o callo debajo de la piel.

El doctor descartó ese razonamiento de inmediato.

«Las muletas no hacen eso», dijo. «Llamaré a un cirujano».

El cirujano, el doctor Timothy O'Holleran, me practicó una biopsia con aguja. Los resultados, que estuvieron listos a los pocos días, me tomaron por sorpresa: hiperplasia. En otras palabras: el precursor del cáncer de seno.

¡Cáncer de seno!

Un hombre con una pierna rota, cálculos renales y vamos, ¿estás bromeando? *¿Cáncer de seno?*

Cuando otros pastores de mi distrito se enteraron de mi situación, comenzaron a llamarme «pastor Job», por el Job de la Biblia que se ve aquejado por una serie de síntomas asombrosamente extraños.

En cualquier caso, el cirujano indicó lo mismo que habría indicado para esos resultados en una mujer: una mastectomía.

Como la mujer fuerte que es, Sonja tomó las novedades con un enfoque práctico. Si el doctor había indicado cirugía, ese era el curso que tomaríamos. Pasaríamos por eso juntos, como familia.

Yo tenía la misma opinión. Sólo que, para esa época, empezaba a sentir lástima por mí mismo. Por un lado, estaba agotado de moverme a zancadas con las muletas. Por otra parte, la mastectomía no es la operación más masculina del mundo. Por último, llevaba bastante tiempo pidiéndole a la junta directiva de la iglesia que destinaran una partida de dinero para poder tener un asistente. No fue sino hasta esta segunda ronda de cálculos renales que la junta votó para autorizar la creación de ese puesto de trabajo.

En lugar de sentirme agradecido, me dejé llevar por el resentimiento: *¿Así que tengo que estar lisiado y al borde de un diagnóstico de cáncer para conseguir un poco de ayuda?*

Una tarde, esto de sentir pena por mí mismo se me fue de las manos.

Estaba en la primera planta del edificio de la iglesia —un sótano terminado, en realidad— donde teníamos una cocina, un aula y un gran salón de uso común. Acababa de terminar de completar unos papeles y emprendí camino escaleras arriba con mis muletas. En el primer escalón, comencé a enojarme con Dios.

«No es justo», refunfuñé en voz alta mientras luchaba por subir la escalera, una muleta a la vez y un escalón por vez. «¿Tengo que sufrir y estar en este estado patético para que me den la ayuda que necesito desde hace tiempo?»

Me sentía muy satisfecho en mi martirio. Apenas llegué al rellano al final de las escaleras, una vocecita tranquila surgió en mi corazón: *¿Y qué hizo mi Hijo por ti?*

Apocado y avergonzado por mi egoísmo, recordé lo que Jesús les dijo a sus discípulos: «El discípulo no es superior a su maestro, ni el siervo superior a su amo».[1] Era cierto que había pasado unos meses difíciles, pero eso no era nada en comparación con lo que muchas personas en el mundo estaban atravesando en ese preciso momento. Dios me había bendecido con un pequeño grupo de creyentes a quienes debía guiar y servir, y allí estaba yo, quejándome porque esos creyentes no me servían a mí.

«Señor, perdóname», dije y me mecí hacia adelante con energía renovada, como si mis muletas fueran alas de águila.

La cierto era que mi iglesia *me estaba sirviendo* y me daba su amor mediante un tiempo de oración especialmente destinado a mí.

Una mañana, a comienzos de diciembre, el doctor O'Holleran me llamó a casa para darme una extraña noticia: el tejido era benigno y, mejor aún, completamente normal. Eran tejidos mamarios normales.

«No puedo explicarlo», dijo. «Sin lugar a dudas, la biopsia mostró hiperplasia, por lo que esperábamos encontrar lo mismo en los tejidos extirpados durante la mastectomía. Pero estos tejidos son completamente normales. No sé qué decir. No sé qué sucedió».

Yo sí lo sabía: Dios me había dado su amor en la forma de un pequeño milagro.

TRES

COLTON ENFRENTA SU MIEDO

Al mes siguiente, la pierna recuperó su libertad. La amenaza de cáncer y los cálculos renales habían quedado atrás, y dediqué unos meses a volver a aprender a caminar, primero con una bota de yeso y luego con una renquera bastante desagradable. Poco a poco, mis músculos atrofiados recuperaron la salud. Para febrero ya había logrado cierta independencia, justo a tiempo para la junta directiva distrital de nuestra Iglesia en Greeley, Colorado, fijada para la primera semana de marzo.

—Necesitas salir un poco —me dijo Sonja un par de semanas antes de la reunión—. ¡Ve y diviértete!

—Ya que tengo que viajar, llevemos a los niños —le dije—. Ya se nos ocurrirá algo divertido que hacer.

Así llegamos al *Butterfly Pavilion*. Una mariposa monarca pasó batiendo sus alas color naranja vivo con líneas negras; parecían cristales de colores. En voz baja, elevé una plegaria para agradecer que hubiéramos podido hacer ese viaje.

Dos días antes, el jueves, Colton había comenzado a decirle a Sonja que le dolía el estómago. Yo ya estaba en Greeley, y en ese momento Sonja estaba dando una clase en la escuela secundaria de Imperial. Como no quería ocasionarle a la escuela el gasto de un profesor sustituto, le pidió a nuestra buena amiga Norma Dannatt si podía cuidar de Colton en su casa para poder ir a trabajar. Norma, una especie de tía preferida para nuestros hijos, dijo que sí sin demora. Pero al mediodía sonó el teléfono de Sonja. Era Norma. El estado de Colton había empeorado. Tenía fiebre y escalofríos, y había pasado la mayor parte de la mañana recostado, inmóvil, en el sofá de Norma, envuelto en una manta.

—Dice que tiene frío, pero está sudando muchísimo —dijo Norma preocupada, y agregó que la frente de Colton estaba cubierta de gotas de sudor del tamaño de una lágrima.

El esposo de Norma, Bryan, había llegado a casa y tras echar un vistazo a Colton, decidió que el niño estaba lo suficientemente enfermo como para llevarlo a la sala de emergencias. Sonja me llamó a Greeley para darme la noticia. En un instante, vi cómo nuestro viaje para celebrar el final de una cadena de enfermedades y lesiones se cancelaba... por enfermedad.

Sonja salió temprano del trabajo, recogió a Colton en la casa de Norma y lo llevó al doctor, quien le dijo que en Imperial se había presentado un foco infeccioso de gastroenteritis. Esa noche, el viaje familiar estuvo en el aire. Yo en Greeley y Sonja en Imperial, orábamos para que Colton se sintiera lo suficientemente bien como para hacer el viaje. A la mañana siguiente, recibimos la respuesta: ¡Sí. Habría viaje!

Durante la noche, la fiebre de Colton cedió y para el mediodía del viernes estaba recuperado. Sonja me llamó para decirme que estaban en camino.

En el *Butterfly Pavilion*, Sonja consultó el reloj. Habíamos quedado en encontrarnos con Steve Wilson, el pastor de la Iglesia Wesleyana de Greeley, y su esposa, Rebecca, para cenar esa noche, y los niños querían darse un chapuzón en la piscina del hotel antes de salir. En marzo, en Imperial no existía la *menor* posibilidad de nadar, por lo que esta era una ocasión inusual.

—De acuerdo. Creo que deberíamos ir regresando al hotel —dijo Sonja.

La miré y miré a Colton.

—Oye, es hora de irnos. ¿Estás seguro de que no quieres sostener a Rosie? —le pregunté—. Es tu última oportunidad de obtener una pegatina. ¿Qué crees?

Las emociones se dibujaron en el rostro de Colton como el sol y las nubes en un frente meteorológico cambiante. A esas alturas, hasta su hermana le había tomado el pelo por tener miedo. Mientras lo observaba, Colton entornó los ojos y apretó los dientes: quería la pegatina.

—De acuerdo, la sostendré —dijo—. Pero sólo por un momento.

Antes de que pudiera cambiar de idea, regresamos en tropel al coliseo de los insectos, y yo abordé al cuidador.

—Él es Colton y quiere intentarlo —le dije.

El cuidador sonrió y se agachó.

—De acuerdo, Colton. ¿Estás listo?

Tieso como una tabla, nuestro hijo extendió la mano. Yo me agaché y envolví su mano abierta con las mías.

—Bien, es muy, muy fácil, Colton —dijo el cuidador—. Sólo deja la mano estirada y quieta. Rosie es muy mansa. No te hará daño.

El cuidador levantó la mano y Rosie caminó tímidamente hasta la mano de Colton y luego siguió avanzando, sin cambiar de ritmo, hasta llegar otra vez a la mano del cuidador, que la esperaba del otro lado. Estallamos en vítores y aplausos por Colton, y el cuidador le entregó su pegatina. ¡Había enfrentado su miedo! Era una gran victoria para él. Ese momento era como la guinda que coronaba el día perfecto.

Mientras salíamos de *Butterfly Pavilion*, reflexioné sobre los últimos meses. Era difícil creer que la pierna rota, los cálculos renales, el trabajo perdido, la tensión financiera, las tres cirugías y la posibilidad de cáncer hubieran sucedido en apenas seis meses. En ese momento, me percaté de que me había estado sintiendo como si estuviera en una pelea. Durante meses, tuve la guardia en alto a la espera del siguiente golpe que me tirara la vida. Pero ahora estaba completamente relajado por primera vez desde el verano anterior.

Si hubiera dejado que mi mente avanzara un poco más en la metáfora del boxeo, tal vez habría llegado a su conclusión lógica: en una pelea, los boxeadores pueden amortiguar algunos golpes brutales porque están preparados para recibirlos; pero, por lo general, el golpe que los deja fuera de combate es aquél que no ven venir.

CUATRO

SEÑALES DE HUMO

Más tarde aquel mismo día, después de un chapuzón, Cassie y Colton dibujaban y coloreaban felizmente sentados a la mesa en el restaurante Old Chicago de Greeley, Colorado, mientras Sonja y yo conversábamos con el pastor Steve Wilson y su esposa, Rebecca. Ya habíamos degustado una increíble comida italiana, incluidos los clásicos espagueti, pizza y pan de ajo tan apetecidos por los niños.

Steve era el pastor principal de una iglesia con entre 1,500 y 2,000 feligreses, aproximadamente el número de habitantes de nuestro pueblo, Imperial. Era una oportunidad para que Sonja y yo conociéramos a otro pastor de nuestro distrito y obtuviéramos algunas ideas sobre cómo llevan adelante su actividad otros pastores. Al día siguiente pensábamos visitar la iglesia de Steve, la Wesleyana de Greeley. Sonja estaba especialmente interesada en echar un vistazo a cómo funcionaba el programa dominical infantil de la iglesia. Durante la cena, Rebecca dividía su tiempo entre la conversación de adultos y los dibujos de los niños.

—¡Guao, Colton, qué bien que estás coloreando esa pizza! —exclamó.

Colton le dedicó una leve sonrisa pero en seguida adquirió una quietud inusual. Unos minutos después, dijo:

—Mami, me duele el estómago.

Sonja y yo intercambiamos una mirada. ¿Habría regresado la gastroenteritis? Sonja apoyó el dorso de la mano contra la frente de Colton y negó con la cabeza.

—No tienes temperatura, amor.

—Me parece que voy a vomitar —dijo Colton.

—Yo tampoco me siento muy bien, mami —dijo Cassie.

Supusimos que se trataría de algo que ambos habían comido. Como los dos niños se sentían mal, terminamos la cena temprano, nos despedimos de los Wilson y regresamos al hotel, que se encontraba del otro lado del aparcamiento del restaurante. Apenas abrimos la puerta de nuestra habitación, la predicción de Colton se hizo realidad: vomitó; tarea que inició en la alfombra y, como Sonja lo llevó apresuradamente al pequeño cuarto de baño, terminó en el retrete.

Parado en la puerta del baño, observé la pequeña silueta de Colton. Estaba inclinado y se sacudía. No parecía un típico caso de intoxicación por alimentos.

Debe de ser esa gastroenteritis —pensé—. *Fantástico.*

Así comenzó la noche, que siguió con los vómitos de Colton cada media hora, como un reloj. Entre uno y otro episodio, Sonja permanecía sentada en una silla con Colton en el regazo y una cubeta que había en la habitación a mano por si no llegaba a tiempo al retrete. Tras dos horas a este ritmo, otro niño se sumó al festejo. Mientras Colton estaba en el baño, haciendo arcadas frente al retrete, y Sonja, de rodillas a su lado, le acariciaba la espalda para tranquilizarlo, Cassie corrió al baño y vomitó en la bañera.

—¡Todd! —me llamó Sonja—. ¡Necesito un poco de ayuda aquí!

¡Qué tal! —pensé—. *Ahora los dos están enfermos.*

¿O no? Una vez que logramos llevar a los dos niños de regreso a la habitación, Sonja y yo comenzamos a analizar el asunto. Colton parecía haberse curado de la gastroenteritis el día anterior. Además, durante todo el día en el Pabellón de las Mariposas, había estado de lo más normal, completamente feliz, excepto por el estrés ocasionado por tener que sostener a Rosie para conseguir la pegatina. Cassie también había sostenido a Rosie... ¿Podían ocasionar un doble caso de vómitos las tarántulas Goliat?

No, tonto, me dije a mí mismo y dejé de lado esa idea.

—¿Comieron lo mismo los niños en el restaurante? —le pregunté a Sonja, que a esa altura estaba recostada en una de las camas gemelas con un brazo alrededor de cada uno de nuestros hijos enfermos.

Miró al techo y pensó por un momento.

—Creo que ambos comieron pizza... pero todos comimos pizza. Supongo que se trata de esa gastroenteritis. Posiblemente Colton no estaba del todo curado, y se la contagió a Cassie antes de que llegáramos aquí. El doctor dijo que es bastante contagiosa.

Parecía que no había salida y que nuestro viaje de descanso y celebración posterior a todo el alboroto médico del año anterior estaba llegando abruptamente a su fin. Unos minutos después, escuché las palabras mágicas que parecían confirmar mis pensamientos:

—Mami, creo que voy a vomitar otra vez.

Sonja levantó a Colton y lo llevó apresuradamente al baño una vez más. Llegaron justo a tiempo.

A la mañana siguiente, cuando la luz rosada del amanecer comenzó a traslucirse por las cortinas, Sonja seguía despierta. Habíamos acordado que, como al menos uno de nosotros debía visitar la iglesia Wesleyana de Greeley y hacerse con algunos buenos conocimientos relacionados con cómo llevar adelante una iglesia para aplicar en Imperial, así que intenté dormir al menos un poco. Eso hizo que Sonja quedara a cargo de las tareas de enfermería, las que incluían un viaje de ida y vuelta al cuarto de baño prácticamente cada una hora con Colton. Cassie sólo había vuelto a vomitar una vez más en toda la noche. Aquel malestar, fuera lo que fuera, parecía haberse prendido a las tripas de Colton y meterse cada vez más adentro.

Nos marchamos temprano del hotel y condujimos hasta la casa que nuestros amigos Phil y Betty Lou Harris tienen en Greeley. Ellos son los directores del distrito de la Iglesia Wesleyana al que pertenecen Colorado y Nebraska. El plan original era que las dos familias visitáramos juntas la iglesia de los Wilson esa mañana. Pero ahora, con un par de niños enfermos, acordamos que Sonja se quedaría en la casa de los Harris. Betty Lou, una dama muy dulce, se ofreció a quedarse en la casa para ayudarla.

Cuando regresé de la iglesia después del almuerzo, Sonja me puso al tanto de la situación: Cassie se sentía mucho mejor y hasta había podido comer algo sin vomitar. Pero Colton seguía vomitando a intervalos regulares y no lograba retener ningún alimento.

Colton estaba en la sala de los Harris, acurrucado en el extremo de un enorme sofá sobre una manta de protección para el sofá y con un cubo cerca, por las dudas. Caminé hacia el sofá y me senté junto a él.

—Hola, amiguito. No te sientes muy bien, ¿eh?

Colton negó con la cabeza lentamente y se le llenaron los ojos de lágrimas. Yo tenía más de treinta años ya, pero en los últimos meses había aprendido muy bien cómo es sentirse tan terriblemente mal que quieres llorar. Ver así a mi hijo me rompía el corazón.

—Ven —le dije.

Lo subí a mi regazo y observé su carita redonda. Sus ojos, por lo general brillantes y vivos, estaban débiles y opacos.

Phil se acercó y se sentó a mi lado para pasarle revista a los síntomas: dolor abdominal, abundantes vómitos, una fiebre pasajera.

—¿Será apendicitis? —comentó.

Lo pensé por un momento. Había algunos antecedentes familiares. El apéndice de mi tío había estallado, y yo tuve un caso grave de apendicitis cuando estaba en la universidad, en la época en que Sonja y yo empezábamos a salir. Por otra parte, a Sonja le habían extirpado el apéndice cuando estaba en segundo año de primaria.

Pero lo que teníamos delante no parecía ser el caso. En Imperial, el doctor le había diagnosticado a Colton una gastroenteritis. Además, si fuera apendicitis, no habría motivo para que Cassie también se sintiera mal.

Pasamos la noche del domingo con los Harris en Greeley. A la mañana siguiente, Cassie estaba completamente recuperada, pero Colton había pasado la noche —la segunda noche— vomitando.

Mientras empacábamos y salíamos a cargar la Expedition, Phil echó un vistazo a Colton, que estaba acurrucado en los brazos de Sonja.

—Luce bastante enfermo —me dijo—. Tal vez deberías llevarlo al hospital aquí.

Sonja y yo ya habíamos discutido esa alternativa. Ya habíamos estado sentados en las salas de espera de unidades de emergencia con un niño enfermo antes, y nuestra experiencia nos decía que probablemente habríamos hecho el viaje de tres horas y media que nos separaba de Imperial antes de que nos atendieran en la sala de emergencias de un hospital de la zona metropolitana de Denver. Por eso, habíamos llamado a Imperial para pedir una cita con nuestro médico de cabecera, el mismo que Colton había visto el viernes. Le expliqué nuestro razonamiento a Phil. Él dijo que lo comprendía, pero yo lo veía preocupado. Cuando llevábamos alrededor de una hora conduciendo, empecé a pensar que tal vez Phil estaba en lo correcto.

Para Sonja, la primera luz de alerta se encendió cuando nos detuvimos a comprar pañales en un supermercado Safeway apenas salimos de Greeley. Colton, que llevaba dos años sin usar pañales, se había orinado encima. A Sonja le preocupó que Colton no hubiera siquiera protestado cuando lo recostó sobre el asiento trasero para ponerle el pañal. Bajo circunstancias normales, habría soltado un «¡no soy un bebé!» lleno de indignación, pero esta vez no dijo ni pío.

Una vez amarrado nuevamente a su asiento de seguridad, no hizo otra cosa que agarrarse la barriga y gemir. Cuando ya llevábamos dos horas de viaje, lloraba de manera constante, y debíamos parar cada media hora para que vomitara. Por el espejo retrovisor podía ver el desánimo y la impotencia en el rostro de Sonja. En tanto, yo intentaba enfocarme en la meta: llevarlo a Imperial, hacer que le pusieran algunas vías intravenosas para medicamentos y suero, y revertir la deshidratación que seguramente estaba experimentando a causa de la gastroenteritis.

Llegamos a Imperial en poco menos de tres horas. En el hospital, una enfermera nos llevó bastante rápido a una sala de atención. Sonja cargaba a Colton y lo apretaba contra su hombro, tal como hacía cuando aún era un bebé. A los pocos minutos, se nos sumó el médico que había atendido a Colton el viernes y lo pusimos al día de la situación. Tras revisarlo, ordenó unos análisis de sangre y una radiografía. Creo que respiré por primera vez desde que salimos de Greeley. Esto era un avance. Estábamos haciendo algo. En poco tiempo tendríamos un diagnóstico, quizá una o dos recetas, y Colton comenzaría a transitar el camino hacia la recuperación.

Llevamos a Colton al laboratorio, donde dio un alarido mientras una enfermera hacía lo mejor posible por encontrar una vena donde pincharlo. Luego vinieron las radiografías, las que fueron más sencillas porque convencimos a Colton de que no habría agujas involucradas. En menos de una hora, estábamos de regreso en el consultorio con el médico.

—¿Podrá ser apendicitis? —le preguntó Sonja al médico.

Él negó con la cabeza.

—No. El conteo de sus glóbulos blancos no concuerda con un caso de apendicitis. Lo que sí nos preocupa son sus radiografías.

En ese momento me di cuenta de que yo había estado contando con que se tratara sólo de un virus más malo que la cuenta. No estaba en absoluto preparado para algo más grave. El médico nos guió hasta un pasillo, donde nos esperaba una radiografía colgada de un negatoscopio. Cuando vi lo que mostraba la imagen, se me partió el alma: la radiografía del pequeño torso de nuestro hijo mostraba tres manchas oscuras. Parecía como si hubieran explotado sus entrañas.

Sonja comenzó a negar con la cabeza, y las lágrimas, que comenzaban a aflorar en la superficie, corrieron como un torrente por sus mejillas.

—¿Está seguro de que no se trata de apendicitis? —le pregunté al médico—. Tenemos antecedentes familiares.

Volvió a decir que no.

—Los análisis de sangre no muestran eso.

—¿Qué muestran, entonces?

—No estoy seguro.

CINCO

LA SOMBRA DE LA MUERTE

Era lunes, 3 de marzo. Las enfermeras ubicaron a Colton en una habitación y le pusieron una vía intravenosa. Del pie de acero inoxidable colgaban dos bolsas: una para hidratación y la otra con algún tipo de antibiótico. Sonja y yo orábamos. Norma había venido de visita y le había traído el juguete preferido: su figura de acción del Hombre Araña. Normalmente, los ojos de Colton se habrían encendido al ver a Norma o al Hombre Araña, pero esta vez no reaccionó. Más tarde, nuestra amiga Terri trajo de visita a su mejor amigo, su hijo Hunter. Una vez más, no hubo reacción. Colton casi no daba señales de vida.

Sentada en una silla cerca de su cama, Norma miró a Sonja con expresión lúgubre.

—Creo que deberías pensar en llevarlo al hospital infantil de Denver —dijo.

En ese momento, nosotros aún confiábamos en los médicos y estábamos seguros de que hacían todo lo que podían. Además,

Colton no estaba en condiciones de volver a recorrer el camino que nos separaba de Colorado.

Los vómitos continuaban. Sonja se quedó a cargo de todo mientras yo me dirigí a casa para ocuparme del resto de nuestras vidas. De camino, me detuve en la iglesia para asegurarme de que seguía en pie. Me puse en contacto con los muchachos que trabajaban conmigo en el negocio de los portones, regresé las llamadas de algunos clientes nuevos y fui a reparar un portón que nadie más podía reparar. Todo el tiempo que estuve lejos del hospital, lo pasé orando. Incluso mientras hablaba con otras personas, elevaba mis oraciones, como si fueran una especie de música mental de fondo que habría estado en primer plano si la vida no tuviera la molesta costumbre de seguir adelante.

Sonja pasó la noche del lunes en el hospital, y yo me quedé en casa con Cassie. La mañana del martes, la llevé a la escuela. Durante el resto del día, entre mis responsabilidades eclesiásticas y comerciales pasé por el hospital tantas veces como me fue posible, con la esperanza de encontrar alguna mejoría. En lugar de eso, cada vez que entraba en la habitación de Colton, lo veía más presa del monstruo misterioso que lo había atrapado. No sólo no mejoraba, sino que cada vez empeoraba *más*.

Al llegar al hospital la segunda tarde, vi algo que me aterrorizó: la sombra de la muerte.

La reconocí al instante. Cuando eres pastor, a veces te toca velar junto a un moribundo en un hospital, en un geriátrico o en un centro de atención de enfermos terminales. Hay algunos indicios reveladores: la piel pierde su tono rosado y se vuelve de un amarillo ictérico. La respiración se torna dificultosa. Los ojos están abiertos pero la persona no está presente y el signo más revelador de todos, los ojos, están hundidos y la piel de los párpados, oscurecida. Yo había visto esa mirada muchas veces, pero en un contexto esperado: en pacientes con cáncer terminal o muy mayores; casos en los que sabes que la vida de esa persona tiene los días, luego las horas y finalmente los minutos contados. Yo estaba ahí para reconfortar a la familia, para orar con ellos oraciones como: *Por favor, Dios, llévatela pronto. Llévate su dolor.*

Otra vez veía la sombra de la muerte, pero esta vez la veía en mi hijo; mi hijo que aún no tenía cuatro años. Esta visión me golpeó duramente.

Dentro de mi cabeza, una voz gritó: *¡No estamos haciendo nada!*

Soy de los que caminan. En el piso de la pequeña habitación de Colton dejé un surco de tanto ir de un lado al otro como un león enjaulado. Tenía el estómago revuelto. En el pecho, una prensa invisible me aplastaba el corazón. *¡Dios, está empeorando! ¿Qué debemos hacer?*

Mientras yo caminaba, Sonja canalizaba su ansiedad en su papel de cuidadora. Le mullía la almohada, le acomodaba las mantas, se aseguraba de que ingiriera líquidos. Desempeñaba ese papel para no explotar. Cada vez que la miraba, podía ver la inquietud crecer en sus ojos. Nuestro hijo se nos escapaba, y ella, al igual que yo, quería saber qué sucedía. Los médicos traían resultados, resultados y más resultados, pero ninguna respuesta; sólo observaciones inútiles.

—No parece estar respondiendo a los medicamentos. No sé... Ojalá el cirujano estuviera aquí.

La única herramienta que Sonja y yo teníamos era la confianza. No éramos médicos y no teníamos experiencia en el campo de la medicina: yo soy pastor y ella, maestra. Queríamos confiar. Queríamos creer que los profesionales de la medicina estaban haciendo todo lo que podía hacerse. Pensábamos: *La próxima vez que entre el médico, tendrá nuevos resultados, cambiará el medicamento, hará algo para quitarle esa expresión moribunda a nuestro hijo.*

Pero eso no sucedía, así que llegó el momento en el que tuvimos que decir «¡basta!».

SEIS

NORTH PLATTE

El miércoles, le comunicamos al personal del hospital de Imperial que llevaríamos a Colton al Centro Médico Regional Great Plains en North Platte. Evaluamos la sugerencia de Norma de llevarlo al hospital infantil de Denver, pero pensamos que sería mejor quedarnos lo más cerca posible de nuestra base de contención. Tomó un tiempo conseguirle el alta, lo usual al marcharse de un hospital, pero a nosotros nos pareció una eternidad. Finalmente, llegó la enfermera con los papeles del alta, una copia de los resultados de los exámenes y un gran sobre de color marrón con sus radiografías. Sonja llamó por teléfono al consultorio del pediatra Dell Shepherd para que estuvieran informados de que íbamos en camino.

A las diez y media de la mañana, levanté a Colton de su cama y quedé impresionado por la laxitud de su cuerpo. Se sentía como un muñeco de trapo en mis brazos. Podría haber sido un buen momento para entrar en pánico, pero me armé de valor. Al menos, ahora estábamos haciendo algo. Estábamos actuando.

El asiento de seguridad de Colton estaba ajustado al asiento trasero de nuestro automóvil. Con suavidad, acomodé a Colton en su asiento y le abroché el cinturón mientras pensaba en cuánto tiempo podría hacer el viaje hasta North Platte que normalmente tomaba noventa minutos. Sonja se sentó en el asiento trasero junto a Colton, armada de una bandeja rosada de plástico del hospital para los vómitos.

Era un día soleado pero frío. Mientras entraba en la autopista 61, acomodé el espejo retrovisor para poder ver a Colton. Tras varios kilómetros en silencio, oí sus arcadas. Cuando terminó de vomitar, me detuve al costado del camino para que Sonja pudiera vaciar el recipiente. De regreso en la autopista, miré por el espejo y vi a Sonja sacar la radiografía del sobre marrón y mirarla contra la luz del sol. Lentamente, negó con la cabeza mientras se le llenaban los ojos de lágrimas.

«Nos equivocamos», dijo con la voz quebrada por esas imágenes que —me diría luego— habían quedado grabadas en su mente para siempre.

Miré hacia atrás para ver las tres radiografías que Sonja estudiaba. Las manchas deformes parecían enormes en la radiografía del diminuto torso de Colton. ¿Por qué parecían más grandes ahora?

—Tienes razón. Deberíamos de haberlo sabido —respondí.

—Pero el doctor...

—Lo sé. No debimos haberlo escuchado.

No había acusaciones; nadie echaba culpas a nadie. Simplemente ambos estábamos muy molestos con nosotros mismos.

Habíamos intentado hacer siempre lo correcto. El médico dijo radiografías: hicimos radiografías; el médico dijo intravenosas; le pusimos intravenosas; el médico dijo análisis de sangre: hicimos análisis de sangre. Después de todo, él era el médico, ¿no? Sabía lo que hacía... ¿no? En cada encrucijada, intentamos tomar la decisión correcta, pero tomamos decisiones erróneas y ahora Colton estaba pagando el precio. Un niño indefenso sufría las consecuencias de nuestros errores.

Detrás de mí, Colton yacía encorvado y sin energía en su asiento de seguridad. Su silencio era más ensordecedor que cualquier sonido que hubiera escuchado jamás.

En la Biblia hay una historia sobre David, el rey de Israel. David había cometido adulterio con Betsabé, la esposa de Urías, uno de sus soldados de confianza. Luego, en un esfuerzo por ocultar su pecado, David había enviado a Urías al frente de batalla, esperando que allí encontrara la muerte, como en realidad ocurrió. Al poco tiempo, el profeta Natán llegó a ver a David y, en pocas palabras, le dijo: «Dios sabe lo que hiciste, y estas son las consecuencias de tu pecado: el niño que concebiste con Betsabé no vivirá».[1]

David se rasgó las vestiduras y lloró y oró y le suplicó a Dios. Estaba tan apesadumbrado que cuando el bebé murió, sus sirvientes temieron decírselo. Pero David se dio cuenta de lo que había sucedido y, cuando lo hizo, se puso en pie, se aseó, comió y, con total calma, se ocupó del funeral. Su comportamiento confundió a sus sirvientes, que dijeron: «Un momento... ¿no estabas histérico hasta hace unos momentos? ¿No estabas rogándole y llorándole a Dios? Ahora estás muy calmado... ¿qué sucede?»

David explicó: «Tenía la esperanza de que Dios cambiara de opinión, pero no lo hizo».[2]

David había estado haciendo lo que podía mientras todavía había algo para hacer.

Cuando pienso en ese trayecto hasta North Plate, sé que yo me sentía igual. Sí, es cierto que las radiografías se veían mal y que el rostro de mi hijo estaba cubierto de muerte.

Pero todavía no estaba muerto.

No era momento de rendirnos y lamentarnos, sino que era momento de orar y actuar.

Dios, permite que lleguemos a tiempo. Permítenos ayudar a nuestro hijo.

Como padre, había metido la pata, pero tal vez aún había algo que pudiera hacer para redimirme. Creo que esa esperanza era lo único que me mantenía en pie.

Cruzamos el límite con North Platte alrededor del mediodía y condujimos directamente hasta el consultorio del pediatra. Me bajé aprisa y envolví a Colton en una manta; lo cargué en brazos como los bomberos cargan a los niños al sacarlos de un incendio. Sonja recogió nuestras cosas y me siguió, recipiente en mano.

En la recepción del consultorio nos recibió una mujer amable.

—Somos la familia Burpo —le dije—. Llamamos desde Imperial por nuestro hijo.

—El doctor salió a comer.

—¡¿A comer?!

—Pero llamamos antes de venir —dije—. Él sabía que estábamos en camino.

—Tomen asiento, por favor —dijo la recepcionista—. El doctor regresará en diez o quince minutos.

Su comportamiento me dijo que no se daba cuenta de nuestra urgencia y, en mi interior, estalló la ira. Sin embargo, exteriormente mantuve la compostura. Podría haber chillado y armado un escándalo, pero no hubiera servido de nada. Además, soy pastor, y los pastores no podemos darnos el lujo de perder los estribos en público.

Sonja y yo encontramos un asiento en la sala de espera y quince minutos más tarde, llegó el médico.

Tenía un aspecto maduro tranquilizador: cabello cano, anteojos y un bigote bien recortado. El personal de enfermería nos llevó hasta un consultorio en el fondo, y Sonja le entregó al médico todos los análisis que habíamos llevado y la radiografía. El doctor revisó tan brevemente a Colton que se me ocurrió que intentaba recuperar el tiempo perdido.

—Ordenaré una resonancia magnética —dijo—. Enfrente encontrarán el hospital.

Se refería al Centro Médico Regional Great Plains. Diez minutos más tarde, nos encontrábamos en la clínica de diagnóstico por imágenes manteniendo la que probablemente haya sido la discusión más importante de nuestras vidas.

SIETE

«CREO QUE ES EL FINAL»

—*¡Noooo!*

—Pero Colton, *¡tienes* que beberlo!

—*¡Noooo! ¡Es asqueroso!*

Los gritos de protesta de Colton reverberaban en la clínica. Estaba exhausto, frágil, cansado de vomitar hasta las entrañas, y encima de todo ahora intentábamos hacerle beber una solución espesa y arenosa de color cereza que ni un adulto en sus cabales bebería, voluntariamente, bajo ningún concepto. Finalmente, Colton dio un traguito, pero hizo arcadas y lo vomitó. Sonja se abalanzó para atajarlo con el recipiente que había traído del hospital.

—No deja de vomitar —le dije al técnico que manejaba el equipo—. ¿Cómo haremos para que lo beba?

—Lo siento, señor... Tiene que beberlo para que podamos obtener las mejores imágenes posibles.

—*¡Por favooooooor! ¡Por favor, papi, no me obligues a beberlo!*

Lo intentamos todo. Hasta jugamos al bueno y al malo: Sonja intentaba convencerlo por las buenas, y yo lo amenazaba.

Pero cuanto más firme me ponía, más fuerte cerraba la boca y se negaba a tragar aquel líquido viscoso.

Intenté razonar con él.

—Si bebes esto, los doctores podrán hacerte ese examen y te sentirás mejor. ¿No quieres sentirte mejor?

Colton gimoteó.

—Sí.

—Pues, entonces, bebe un trago.

—¡Noooooo! ¡No me obligueees!

Estábamos desesperados. Si no bebía el líquido, no podrían hacerle la resonancia magnética. Sin ese estudio, no podrían hacer un diagnóstico. Sin un diagnóstico, no podrían tratar a nuestro hijo. La batalla llevaba casi una hora cuando, finalmente, vino un técnico y se apiadó de nosotros.

—De acuerdo. Llevémoslo adentro. Haremos lo mejor posible.

Dentro de la sala de diagnóstico por imágenes, Sonja se ubicó al lado del técnico y detrás de un escudo anti radiación mientras que yo me quedé de pie junto a un lánguido Colton mientras la camilla móvil lo llevaba dentro de un tubo enorme y temible. En un gesto tierno y compasivo, el técnico detuvo la camilla justo antes de que Colton quedara completamente dentro de la máquina y lo dejó con la cabeza afuera, de manera que pudiera verme. La máquina arrancó con un chirrido y Colton me clavó una mirada teñida de dolor.

En menos de lo que canta un gallo, el estudio terminó. El técnico escaneó las imágenes y nos acompañó fuera del laboratorio.

No nos llevó de regreso a la sala de espera principal sino a un corredor aislado en el que había algunas sillas contra la pared.

El técnico me dirigió una mirada lúgubre. «Esperen aquí», dijo. En ese momento, ni siquiera me di cuenta de que no le había pedido a Colton que se vistiera.

Los tres nos sentamos en el frío y angosto corredor. Sonja acunaba a Colton, que apoyaba la cabeza en el hombro de su madre. A esta altura, Sonja no podía dejar de llorar. En sus ojos podía ver que ya no tenía esperanzas. Este no era un lugar normal para esperar. El técnico nos había aislado. Había visto las imágenes y sabía que algo estaba mal.

Sonja miró a Colton, recostado en sus brazos. Yo podía ver cómo le trabajaba la cabeza. Colton y ella hacían *todo* juntos. Él era su chiquillo, su compañero. Más aún, ese pequeñito rubio de ojos azules lleno de energía era una bendición del cielo, un regalo de sanidad que recibimos tras perder un hijo.

Cinco años antes, Sonja había estado embarazada de nuestro segundo hijo. Estábamos encantados con la idea y veíamos a esa nueva vida como la coronación de nuestra familia. Cuando éramos sólo nosotros dos, éramos una pareja. Cuando nació Cassie, nos convertimos en una familia. Con un segundo hijo en camino, podíamos comenzar a ver un esbozo de nuestro futuro: escenas familiares, una casa llena con los alegres ruidos de la niñez, dos niños revisando sus calcetines la mañana de Navidad. Pero, a los dos meses de embarazo, Sonja perdió el bebé, y nuestros sueños difusos estallaron como pompas de jabón. El dolor consumió a Sonja; la realidad de un hijo perdido, de un niño que nunca conoceríamos. Un espacio que se había abierto para quedar vacío.

Estábamos ansiosos por volverlo a intentar, pero nos preocupaba si podríamos tener otro hijo, lo que aumentaba nuestro sufrimiento. Unos meses después, Sonja volvió a quedar embarazada. Sus primeros chequeos revelaron un bebé sano que crecía normalmente. Aun así, intentamos tomarlo con calma; teníamos un poco de miedo de enamorarnos de este nuevo hijo como lo habíamos hecho con el que perdimos. Pero cuarenta semanas después, el 19 de mayo de 1999, llegó al mundo Colton Todd Burpo y nos enamoramos de él con locura. Para Sonja, este pequeño era un regalo muy especial venido directamente de la mano de un Padre celestial amoroso.

Ahora, mientras observaba el rostro de Sonja sobre la figura pálida de Colton, podía ver las terribles preguntas que se le pasaban por la cabeza:

¿Qué haces, Dios? ¿También te llevarás a este niño?

El rostro de Colton estaba pálido y transido de dolor; era como una lunita en el inhóspito corredor. Las sombras alrededor de sus ojos se habían convertido en huecos de color púrpura oscuro. Ya no gritaba ni lloraba. Simplemente, estaba ahí… quieto.

Una vez más me hizo acordar a esos pacientes moribundos que había visto debatirse en el umbral entre la Tierra y la eternidad. Se me llenaron los ojos de lágrimas que nublaron la imagen de mi hijo como la lluvia nubla una ventana. Sonja levantó la vista con el rostro lleno de lágrimas.

—Creo que es el final —me dijo.

OCHO

FURIOSO CON DIOS

Cinco minutos más tarde, un hombre vestido de blanco salió del laboratorio de imágenes. No recuerdo su nombre, sólo su identificación que decía «Radiólogo».

—Su hijo tiene el apéndice perforado —dijo—. Necesita una cirugía de emergencia. Lo están esperando para prepararlo para cirugía. Por aquí.

Aturdidos, Sonja y yo caminamos detrás de él. Sentí un calor súbito en las sienes.

¿Apéndice perforado?

¿No había el doctor de Imperial descartado esa posibilidad?

En la sala de preparación para cirugía, Sonja recostó a Colton en una camilla, lo besó en la frente y se alejó mientras una enfermera se acercaba con una aguja y una bolsa para pasarle líquido intravenoso. En seguida, Colton comenzó a gritar y a retorcerse. Me ubiqué junto a la cabecera y mientras le hablaba para calmarlo, le presionaba los hombros contra la camilla para que no se moviera. Sonja se ubicó al lado izquierdo; lloraba sin disimulo mientras intentaba inmovilizar con su cuerpo la pierna y el brazo izquierdos de nuestro hijo.

Cuando levanté la vista, la sala de preparación estaba llena de hombres y mujeres con delantales y uniformes médicos blancos.

—El cirujano ya está aquí —dijo uno de ellos—. Pueden salir a hablar con él. Nosotros seguiremos aquí.

Reacios, cruzamos la cortina mientras Colton gritaba: «¡*Papi, por favoooor, no te vayas!*»

En el corredor, nos esperaba el doctor Timothy O'Holleran. Era el mismo médico que me había hecho la mastectomía cuatro meses antes. Sus facciones eran lúgubres líneas horizontales.

No desperdició palabras.

—El apéndice del niño está perforado. No está en buenas condiciones. Entraremos al quirófano e intentaremos limpiar todo.

Del otro lado de la cortina, Colton seguía gritando: ¡*Papi!* ¡*Paaapiiii!*

Apreté los dientes e intenté aislar ese sonido para concentrarme en el médico.

—En Imperial preguntamos sobre una perforación de apéndice —dijo Sonja—, y descartaron esa posibilidad.

Mi cerebro dejó atrás el pasado y miró hacia el futuro, en busca de una esperanza.

—¿Cuál cree que será el resultado? —pregunté.

—Tenemos que entrar y limpiarlo. Sabremos más cuando lo hayamos abierto.

Los silencios entre sus palabras resonaban en mis oídos como sirenas de alarma mientras los alaridos de Colton llenaban los corredores. En respuesta a una pregunta directa, el médico específicamente *no* nos había asegurado nada. De hecho, lo único que había dicho acerca de Colton era que no estaba en buenas condiciones. Mi mente regresó al momento en que Sonja me llamó a Greeley desde Imperial para decirme que a Colton se le había pasado la fiebre y que estaban en camino. Lo que parecía el final de una gastroenteritis había sido más probablemente el primer signo de un apéndice perforado. Eso significaba que durante *cinco días* la barriga de nuestro hijo había estado llenándose de veneno. Eso cuadraba con la sombra de muerte que veíamos en él ahora, y también explicaba por qué el doctor O'Holleran no nos había dado ninguna esperanza.

El doctor señaló con la cabeza la sala de preparación de la que provenía todo el ruido.

—Creo que será mejor que lo llevemos al quirófano y lo sedemos antes de ponerle la vía intravenosa.

Cruzó la cortina, y lo escuchamos dar la orden. Unos momentos después, dos enfermeras atravesaron la cortina empujando la camilla en la que Colton se retorcía de dolor. Torció su cuerpito y giró la cabeza hasta que pudo clavarme la mirada de sus ojos hundidos.

—*¡Papi! ¡No dejes que me lleven!*

¿Recuerdas cuando dije que los pastores no podemos darnos el lujo de perder los estribos en público? Pues, estaba a punto de perderlos y debía salir de allí. Casi a la carrera, encontré una pequeña habitación con una puerta, entré a hurtadillas y me encerré de un portazo. Tenía el corazón acelerado. No podía respirar. La desesperación, la ira y la frustración me sobrevenían a oleadas que parecían dejarme sin aliento.

Cuando todos pierden la calma, buscan a papá, sobre todo cuando papá es pastor. Ahora, estaba finalmente en una habitación en la que nadie me miraba y comencé a descargar mi furia contra Dios.

«¿Dónde *estás*? ¿*Así* tratas a tus pastores? ¿Acaso merece la pena servirte?»

Recorría la habitación de un lado al otro, y las paredes parecían cerrarse en torno a mí. La habitación era cada vez más pequeña, igual que las posibilidades de Colton. Una y otra vez, me asaltaba una imagen: la de Colton alejándose sobre la camilla con los brazos extendidos, pidiéndome a gritos que lo salvara.

Fue en ese momento que me di cuenta.

Esperamos demasiado. Tal vez nunca vuelva a ver a mi hijo con vida.

Se me llenaron los ojos de lágrimas de furia que corrieron por mis mejillas.

Después de la pierna, los cálculos renales y la mastectomía, ¿es así como me harás celebrar el final del período de pruebas que debí atravesar? ¿Te llevarás a mi hijo?

NUEVE

MINUTOS COMO GLACIARES

Quince minutos después, o tal vez un poco más, salí de esa habitación con los ojos secos. Había sido la primera vez que había estado solo desde el inicio de aquella terrible experiencia. Había querido mantenerme fuerte para sostener a Sonja; un esposo fuerte que sostiene a su esposa. La encontré en la sala de espera, usando lo poco que le quedaba de batería a su teléfono para llamar a amigos y parientes. La abracé y la contuve mientras derramaba sus lágrimas sobre mi camisa, hasta que ésta se me quedó pegada al pecho. Usé la poca batería que me quedaba para llamar a Terri, mi secretaria, quien pondría en marcha una cadena de oración en la iglesia. Mi llamada no era una formalidad: estaba desesperado por las plegarias; desesperado porque otros creyentes golpearan las puertas del cielo y suplicaran por la vida de nuestro hijo.

Se supone que los pastores deben ser pilares imperturbables de la fe, ¿no? Pues, en ese momento, mi fe pendía de un hilo hecho jirones que se deshilachaba rápidamente. Pensé en los momentos en los que la Biblia dice que Dios respondió las plegarias, no de los enfermos o moribundos, sino de los *amigos* de los enfermos o moribundos. Como el caso del paralítico, por ejemplo. Fue cuando Jesús vio la fe de los amigos del paralítico que le dijo: «Levántate, toma tu camilla y vete a tu casa».[1] En ese momento, necesitaba servirme de la fe y de la fortaleza de otros creyentes. Después de cortar la llamada con Terri, Sonja y yo nos sentamos juntos a orar, con temor de tener esperanzas y con temor de no tenerlas.

El tiempo pasaba lentamente. Los minutos avanzaban a la velocidad de los glaciares. Entre conversaciones apagadas y sin importancia, la sala de espera estaba cargada de un silencio elocuente.

Noventa minutos más tarde, una enfermera vestida con un uniforme púrpura y una mascarilla quirúrgica colgando del cuello entró en la sala de espera. «¿Está aquí el padre de Colton?»

Su tono de voz y el hecho de que fuera una enfermera y no el doctor O'Holleran en persona me hicieron sentir una descarga de esperanza en el cuerpo.

Tal vez Dios esté siendo misericordioso pese a nuestra estupidez. Quizá nos dé un día más, una nueva oportunidad.

Me puse en pie.

—Yo soy el padre de Colton.

—¿Puede acompañarme, señor Burpo? Colton ya salió de cirugía, pero no logramos calmarlo. Sigue gritando. Está pidiendo a gritos por usted.

Cuando se llevaron a Colton, no había podido soportar sus alaridos. Ahora, de pronto, eran lo que más deseaba escuchar en el mundo. Serían un sonido hermoso para mis oídos.

Sonja y yo recogimos nuestras cosas y seguimos a la enfermera a través de las grandes puertas dobles que conducían al pabellón quirúrgico. No llegamos a la sala de recuperación, sino que nos cruzamos con un par de enfermeras que empujaban la camilla de Colton por el corredor. Él estaba alerta, y me di cuenta de que me había estado buscando. Mi primera reacción fue intentar acercarme lo más posible a él; creo que me habría trepado a la camilla con él si no hubiera pensado que eso molestaría a las enfermeras.

Las enfermeras se detuvieron por un momento, suficiente como para que Sonja y yo le besáramos la carita, que todavía se veía pálida y demacrada.

—Hola, amiguito. ¿Cómo te sientes?—, le pregunté.

—Hola, papi.

La sombra de una sonrisa iluminó su rostro.

Las enfermeras volvieron a empujar la camilla y, tras unos minutos y un viaje en elevador, Colton estaba ubicado en un pequeño cuarto de hospital al final de un largo corredor. Sonja salió de la habitación por un momento para ocuparse de algunos papeles en la sala de enfermería, y yo me quedé sentado junto a su cama en una de esas sillas mecedoras con asiento y respaldo de rejilla, embriagándome con la vida de nuestro hijo.

Los niños pequeños se ven aún más pequeños cuando están en una cama de hospital hecha para adultos. Con menos de veinte kilos, el cuerpo de Colton apenas levantaba la sábana, y los pies le llegaban a un tercio de la cama. Sus párpados todavía eran círculos oscuros, pero me pareció que el azul de sus ojos estaba más brillante que dos horas atrás.

—¿Papi?

Colton me miró con seriedad.

—¿Qué?

Me miró, y sus ojos se clavaron en los míos.

—Papi, ¿sabías que casi me muero?

El miedo se apoderó de mí. *¿De dónde sacó eso?*

¿Habría escuchado hablar al personal médico? ¿Habría escuchado algo que dijo el equipo de cirugía pese a la anestesia? Definitivamente, nosotros no habíamos dicho nada relacionado con la cercanía de la muerte frente a él. Sonja y yo temimos que estuviera al borde de la muerte y estuvimos *seguros* de ello cuando nos enteramos de que su apéndice llevaba cinco días vertiendo veneno en su organismo. Pero habíamos tenido el cuidado de no decir nada que pudiera asustarlo cuando estábamos cerca de él.

Se me hizo un nudo en la garganta, signo de que estaba a punto de llorar. Algunas personas se ponen nerviosas cuando sus hijos adolescentes quieren hablar de sexo. Si crees que eso es difícil, intenta hablar con tu hijo en edad preescolar sobre la muerte. Colton había estado conmigo en geriátricos, lugares donde las personas le dan a sus seres queridos permiso para desaferrarse de la vida. Pero yo no pensaba darle a mi hijo permiso para que se rindiera. Todavía no estábamos fuera de peligro, y no quería que Colton pensara que la muerte era una alternativa.

Sonreí a mi hijo y le dije con voz firme:

—Tú sólo piensa en ponerte bien. ¿De acuerdo, amiguito?

—Sí, papi.

—Estamos contigo todo el tiempo. Estamos orando por ti —dije y cambié de tema.

—Ahora, ¿qué podemos traerte? ¿Quieres que te traigamos tus figuras de acción?

No llevábamos mucho tiempo en la habitación cuando llegaron tres miembros de la junta directiva de nuestra iglesia. Estábamos muy agradecidos por su visita. A veces me pregunto qué hacen las personas que no tienen parientes o iglesia. En épocas de crisis, ¿en qué se apoyan? Cassie se había quedado con Norma y Bryan en Imperial hasta que mi madre, Kay, pudo conducir desde Ulysses, Kansas, para ir a recogerla. Los parientes de Bryan viven en North Platte, y ellos también se acercaron a ayudar. La presencia de nuestra iglesia junto a nosotros, en el ojo de la tormenta, cambiaría la manera en que Sonja y yo planteábamos las visitas pastorales en épocas de dificultades y dolor. Antes, creíamos en ellas; ahora, somos militantes.

Sonja regresó a la habitación en seguida, y al poco tiempo se nos unió el doctor O'Holleran. Colton se quedó inmóvil mientras el cirujano corría la sábana que lo cubría para mostrar el lugar de la incisión, una línea horizontal que cruzaba el lado derecho de su pequeña barriga. La herida estaba cubierta por montones de gasas manchadas de sangre, y mientras el doctor las quitaba, Colton gimoteaba con un poco de miedo. No creo que haya sentido nada, pues aún estaba bajo los efectos de la anestesia local que el equipo quirúrgico había aplicado en la zona de la incisión.

Las entrañas de Colton estaban tan contaminadas por el veneno derramado por el apéndice perforado que el doctor

O'Holleran había decidido que lo mejor era dejar abierta la incisión para que pudiera seguir drenando.

El doctor abrió un poco la herida.

—¿Ves el tejido grisáceo? —preguntó—. Eso es lo que les sucede a los órganos internos cuando hay una infección. Colton no podrá abandonar el hospital hasta que todo lo gris aquí dentro se vuelva rosado.

De cada lado del abdomen de Colton salía un tubo plástico. En el extremo de cada tubo había lo que el doctor llamaba «granadas». Estas piezas de plástico trasparente parecían granadas pequeñas, pero en realidad eran bombas manuales. A la mañana siguiente, el doctor O'Holleran nos enseñó a bombear las granadas para drenar el pus del abdomen y luego cubrir la abertura con gasa nueva. El doctor O'Holleran vendría todos los días a revisar la herida y cerrar el vendaje. Colton montaba terribles escándalos durante esas visitas y comenzó a asociar al médico con todo lo malo que le estaba sucediendo.

En las noches, cuando el doctor no estaba allí, yo debía drenar la herida. Antes de la cirugía, Sonja había desempeñado el papel de la patrulla anti vómito durante casi una semana y, desde la cirugía, había estado junto a la cama de Colton permanentemente. Pero drenar pus era un trabajo sangriento y era demasiado para ella. Además, hacían falta tres adultos para mantener quieto a Colton, de manera que yo bombeaba las granadas y Sonja ayudaba a dos enfermeras a inmovilizar a nuestro hijo. Sonja le susurraba palabras tranquilizadoras; él, por su parte, gritaba y gritaba.

DIEZ

ORACIONES DE LO MÁS EXTRAÑAS

Durante varios días después de la apendicetomía de emergencia, Colton siguió vomitando, y nosotros continuamos bombeando veneno de su cuerpo con el aparejo de tubos y granadas del doctor O'Holleran. Lenta y gradualmente, Colton comenzó a mejorar. Los vómitos cesaron, le volvió el color al rostro y comenzó a comer un poco. Supimos que estaba en franca recuperación cuando comenzó a sentarse en la cama y hablar con nosotros, a jugar con la consola de juegos de video y a demostrar interés en el nuevo león de felpa que Cassie le había traído varios días atrás. Finalmente, una semana después de que cruzáramos la entrada del hospital de North Platte, el equipo médico dijo que podíamos llevárnoslo a casa.

Como los soldados después de una batalla larga y victoriosa, Sonja y yo estábamos exhaustos pero rebosantes de alegría. El 13 de marzo recogimos todos los restos de una larga estancia en el hospital en una mezcolanza de bolsas, bolsos y bolsitas y nos dirigimos al elevador. Yo empujaba la silla de ruedas en la que iba Colton, y Sonja llevaba un gran atado de globos festivos.

Las puertas del elevador habían comenzado a cerrarse cuando el doctor O'Holleran apareció en el corredor gritando que nos detuviéramos.

—¡Colton no puede marcharse! ¡No puede irse!

Su voz resonaba en el corredor cubierto de azulejos mientras sacudía un fajo de papeles.

—¡Aún tenemos problemas!

Cuando nos alcanzó en el elevador, nos dijo que un análisis de sangre de último momento había revelado un aumento peligroso de los glóbulos blancos.

—Probablemente se trate de otro absceso —dijo—. Quizá sea necesario volver a operar.

Creí que Sonja se desmayaría. A esa altura, ambos nos habíamos convertido en autómatas y casi habíamos llegado al límite.

Colton se echó a llorar.

Una resonancia magnética reveló nuevos focos de infección en el abdomen. Esa tarde, el doctor O'Holleran y su equipo quirúrgico tuvieron que abrirlo por segunda vez y volver a limpiar su interior. Esta vez, Sonja y yo no estábamos aterrorizados; la sombra de la muerte había abandonado el rostro de Colton hacía ya unos días. Pero ahora teníamos una nueva preocupación: Colton llevaba unos diez días sin comer. Apenas pesaba unos veinte kilos al comienzo de la enfermedad y se había estado consumiendo al punto que los codos y rodillas parecían anormalmente grandes, y su rostro enjuto parecía el de un huérfano hambriento.

Después de la cirugía, le planteé nuestra preocupación al doctor O'Holleran.

—En casi dos semanas no ha comida sino un poco de gelatina y una sopa —le dijeé—. ¿Cuánto tiempo puede estar un niño sin comer?

El doctor O'Holleran lo internó en la unidad de cuidados intensivos e indicó que le dieran una nutrición especial que se le administraba a través de una sonda. Sospecho que la cama en esta unidad no era sólo para Colton sino también para nosotros. Llevábamos sin dormir lo que Colton sin comer y estábamos completamente harapientos. Poner a Colton en la unidad de cuidados intensivos era la única forma en la que el doctor podía obligarnos a descansar un poco.

—Colton estará bien esta noche —nos dijo—. Tendrá una enfermera exclusiva para su cuidado todo el tiempo, y si sucede algo, habrá alguien aquí para ocuparse de él.

Debo admitir que esas palabras fueron como un oasis en un desierto de cansancio.

Temíamos dejar solo a Colton, pero sabíamos que el doctor O'Holleran tenía razón. Esa fue la primera noche que Sonja y yo pasamos juntos desde que salimos de la casa de los Harris en Greeley. La dedicamos a conversar, llorar, darnos mutuo aliento y, principalmente, a dormir como si fuéramos sobrevivientes de un naufragio en su primera noche seca y tibia.

Tras una noche en la unidad de cuidados intensivos, trasladaron a Colton a otra habitación del hospital, lo que volvió a iniciar el ciclo de «observación y espera».

¿Cuándo podrá regresar a casa? ¿Cuándo podremos volver a nuestra vida normal?

Ahora parecía que los intestinos de Colton habían dejado de funcionar. No podía ir al baño y, con cada hora que pasaba, se sentía peor.

—Papi, me duele el estómago —gemía.

El médico dijo que sería un buen signo si Colton, al menos, podía expulsar sus gases. Lo llevamos a caminar por los corredores del hospital para aflojar las cosas, pero apenas si podía arrastrar lentamente los pies, encorvado por el dolor. Nada parecía ayudar. Cuatro días después de la segunda cirugía, no podía hacer otra cosa que estar recostado en la cama y retorcerse mientras el estreñimiento aumentaba. Esa tarde, el doctor O'Holleran nos trajo más malas noticias.

—Lo siento —nos dijo—. Sé que esto ha sido demasiado para la familia, pero creo que nosotros ya hicimos todo lo que podíamos. Pensamos que tal vez sería mejor trasladarlo a un hospital infantil. Podría ser el de Omaha o el de Denver.

Entre los dos, en quince días sumábamos el equivalente a unas cinco noches de sueño. Después de más de dos semanas agotadoras junto a la cama de Colton, estuvimos a punto de regresar a la normalidad —cuando las puertas del elevador literalmente se cerraban con nuestra familia y globos dentro— y todo volvió a desmoronarse alrededor. Ahora, nuestro hijo sufría otra vez dolores insoportables que no parecían tener fin. Ni siquiera podíamos ver el horizonte.

Justo cuando pensábamos que las cosas no podían ser peores, empeoraron aún más: una inusitada tormenta de nieve en primavera avanzaba hacia el centro del país. En cuestión de horas, la nieve llevada por el viento se apiló en montones contra las puertas del hospital y en los estacionamientos, llegando a la mitad de las ruedas de los automóviles. Ya fuera que eligiéramos el hospital infantil de Omaha, a ocho horas de distancia, o el de Denver, a tres, no había manera de que llegáramos a ninguno de ellos, a menos que contáramos con un avión.

Fue en ese momento que Sonja perdió los estribos.

—¡Ya no aguanto más! —dijo y se echó a llorar.

En ese preciso momento, un grupo de personas de nuestra iglesia decidió que era hora de orar en serio. Nuestros amigos de la iglesia comenzaron a hacer llamadas telefónicas y, en poco tiempo, unas ochenta personas habían conducido hasta la Iglesia Wesleyana de Crossroads para asistir a un servicio de oración. Algunas personas pertenecían a nuestra congregación y algunas venían de otras iglesias, pero todas se habían reunido para orar por nuestro hijo.

Brad Dillan me llamó para contarme lo que sucedía allí.

—Específicamente —me preguntó—, ¿por qué podemos orar?

Si bien me sentía un poco extraño al mencionarlo, le conté cuál sería, según el doctor O'Holleran, una buena señal para Colton. ¡De modo que posiblemente esa sea la única noche en la historia en que ochenta personas se reunieron a orar porque alguien pudiera expulsar sus gases!

Por supuesto, también oraron porque la tormenta cesara por un momento para que pudiéramos llegar a Denver y por la sanidad de Colton.

En menos de una hora, ¡la primera plegaria tuvo respuesta!

Colton comenzó a sentirse mejor en seguida. Esa misma noche pudo ir al baño. A la mañana siguiente, estaba levantado en su habitación y jugaba como si esa pesadilla nunca hubiera sucedido. Sonja y yo lo observábamos y no podíamos creer lo que veíamos. Excepto por su delgadez, Colton era el mismo de siempre. En menos de doce horas habíamos pasado de la desesperación total a la completa normalidad.

Alrededor de las nueve de la mañana, el doctor O'Holleran vino a ver cómo estaba su paciente. Cuando vio a Colton levantado, sonriente y animado, jugando con sus figuras de acción, se quedó sin palabras. Simplemente permaneció inmóvil observándolo. Pasmado, lo examinó y pidió una serie de pruebas para estar triplemente seguro de que sus entrañas se estaban recuperando. Esta vez, Colton fue al laboratorio de imágenes a hacerse la resonancia magnética literalmente dando saltitos.

Nos quedamos en el hospital un día y medio más para asegurarnos de que la mejoría de Colton no fuera algo momentáneo. Durante aquellas treinta y seis horas, nos pareció que entraban y salían de la habitación más enfermeras que antes. Lentamente, de a una o en parejas, entraban con disimulo a la habitación. Su reacción era siempre la misma: se quedaban quietas observando a su pequeño paciente.

ONCE

COLTON BURPO, COBRADOR

Una vez que regresamos a casa y dejamos atrás el hospital, dormimos durante una semana. De acuerdo, estoy exagerando, pero no mucho. Sonja y yo estábamos completamente agotados. Era como si acabáramos de atravesar un accidente automovilístico sin colisión de diecisiete días: nuestras heridas no eran visibles en el exterior, pero la tensión y preocupación desgarradoras no habían sido gratuitas.

Una noche, alrededor de una semana después de haber regresado a casa, Sonja y yo estábamos en la cocina conversando sobre dinero. Inclinada sobre una mesa portátil que teníamos junto al horno de microondas, Sonja clasificaba la enorme pila de correo que se había acumulado durante la estancia de Colton en el hospital. Cada vez que abría un sobre, apuntaba un número en un papel. Apostado contra los armarios en el otro extremo de la cocina, yo podía ver que la columna de cifras se estaba poniendo terriblemente larga.

Cuando terminó, presionó el extremo del bolígrafo para cerrarlo y lo apoyó en la mesa.

—¿Sabes cuánto dinero necesito para pagar las cuentas de esta semana?

Sonja llevaba los libros de la casa y de la compañía, por lo que esta era una pregunta que me hacía con regularidad. Ella trabajaba como maestra a tiempo parcial, de manera que siempre contábamos con esos ingresos que, si bien limitados, eran fijos. Mi salario de pastor también era modesto; se componía de parte del diezmo de una congregación pequeña pero fiel. De manera que el grueso de los ingresos familiares provenía de nuestra empresa de portones para garaje, y esa entrada variaba a lo largo del año. Sonja estaba a cargo de pagar las cuentas, por lo que cada dos semanas me mostraba los números tanto de las cuentas de la casa como de las de la empresa. Pero ahora también se sumaban varias cuentas de hospital exorbitantes.

Hice una cuenta mental y arriesgué una cifra.

—Supongo que unos $23, 000, ¿cierto?

—Sí —dijo y suspiró.

Habría dado lo mismo que fueran un millón de dólares. Ya habíamos consumido nuestros ahorros cuando estuve imposibilitado de trabajar con los portones de garaje por la pierna rota y la hiperplasia. Luego, cuando finalmente estaba volviendo al ritmo normal, nos golpeó la enfermedad de Colton, la que me alejó del trabajo por casi un mes más. Prácticamente, teníamos las mismas posibilidades de reunir $23, 000 dólares que de ganar la lotería; y como no jugamos a la lotería, eso significaba que nuestras posibilidades eran nulas.

Sonja me miró y me preguntó, sin demasiadas esperanzas:

—¿Tienes algún cobro pendiente? ¿Alguna cuenta vencida que podamos cobrar?

La pregunta era una mera formalidad. Sonja sabía la respuesta. Negué con la cabeza.

—Puedo posponer algunas de estas —dijo, señalando con la cabeza la pila de sobres—. Pero las cuentas del diez tenemos que pagarlas sin falta.

Te explicaré a grandes rasgos cuán pequeño es Imperial: las familias aquí tienen cuentas en lugares como la estación de servicio, el supermercado y la ferretería, de manera que si necesitamos llenar el tanque o comprar una hogaza de pan, sencillamente pasamos por la tienda y lo sumamos a la cuenta. Luego, el diez de cada mes, Sonja hace un recorrido de quince minutos por el pueblo para pagar nuestras deudas. Las «cuentas del diez» son una de las cosas buenas que tiene vivir en un pueblo pequeño. Por otra parte, la humillación es grande cuando no puedes pagarlas. Sobre todo cuando eres pastor.

Suspiré.

—Puedo ir a las tiendas, explicarles la situación y pedirles más tiempo.

Sonja levantó un fajo de papeles un poco más grueso que los otros.

—Están comenzando a llegar las cuentas médicas. Una de ellas es por $34, 000.

—¿Cuánto cubre nuestro seguro médico?

—Tenemos un deducible de $3, 200.

—Ni siquiera estamos en condiciones de pagar eso —dije.

—¿Aún quieres que haga el cheque del diezmo? —preguntó Sonja haciendo referencia a la donación semanal que hacemos a la iglesia.

—Por supuesto —respondí.

Dios nos acababa de devolver a nuestro hijo; de ninguna manera dejaríamos de devolverle a Dios lo que Él nos da.

En ese preciso momento, Colton dobló una esquina proveniente de la sala y nos sorprendió con una extraña afirmación que me sigue resonando en la cabeza hoy día.

—Papá, Jesús usó al doctor O'Holleran para que lo ayudara a repararme— dijo, con las manos en las caderas, parado al extremo de la mesa. Tienes que pagarle.

Luego se dio la vuelta y echó a andar. Dobló en la esquina y desapareció de nuestra vista.

Sonja y yo nos miramos.

¿Qué?

Ambos estábamos asombrados, dado que Colton había considerado al cirujano la fuente de todos los cortes, husmeos, pinchazos, drenajes y dolores que había padecido.

Llevábamos justo una semana fuera del hospital y Colton parecía haber cambiado de opinión respecto del médico.

—Pues, supongo que ahora le agrada el doctor O'Holleran —opinó Sonja.

Aun si Colton había sentido de corazón que era hora de perdonar al buen doctor, su proclamación en la cocina había sido extraña. ¿Cuántos niños de menos de cuatro años analizan las vicisitudes financieras familiares y exigen el pago a un acreedor, sobre todo cuando ese acreedor nunca les agradó?

También había sido inusual la forma en que lo expresó: «Papá, Jesús usó al doctor O'Holleran para que lo ayudara a repararme». Era extraño.

De cualquier modo, fue más extraño aún lo que sucedió después. Teníamos $23, 000 en cuentas vencidas y pagaderas de inmediato, y no sabíamos qué hacer. Sonja y yo discutimos la posibilidad de pedir un préstamo a nuestro banco, pero no fue necesario. Primero, mi abuela Ellen, que vive en Ulysses, Kansas, nos envió un cheque para ayudarnos a pagar las cuentas médicas. Luego, en la misma semana, comenzamos a recibir más cheques por correo. Cheques de $50, $100, $200, todos acompañados por notas y tarjetas que decían cosas como: «Nos enteramos de las dificultades y estamos orando por la familia», o «Dios me dijo al corazón que enviara esto. Espero que sirva de ayuda».

Al término de la semana, nuestro buzón estaba otra vez lleno, pero no de cuentas que pagar, sino de obsequios. Miembros de la iglesia, amigos cercanos, e incluso familias que no conocíamos en persona respondieron a nuestras necesidades sin que las mencionáramos siquiera. Los cheques sumaban miles de dólares, y quedamos atónitos cuando descubrimos que, sumado a lo que mi abuela nos había enviado, el monto total que recibimos era casi exactamente el que necesitábamos para pagar la primera tanda de deudas.

Al poco tiempo de convertirse en un cobrador de cinco palmos de altura, Colton se metió en problemas. No fue nada grave, sólo un incidente en la casa de un amigo en el que montó un tira y afloje por unos juguetes. Esa noche, lo llamé a la mesa de la cocina. Yo estaba sentado en una silla de respaldo recto, y él se trepó a la silla que había a mi lado y se arrodilló en ella. Se apoyó sobre los codos y me miró con unos ojos color azul cielo que reflejaban un poco de vergüenza.

Si tienes hijos en edad preescolar, sabrás que a veces resulta difícil ver más allá de lo adorables que son y ponerse estricto con la disciplina. De cualquier modo, logré poner una expresión seria.

—Colton —comencé—. ¿Sabes por qué estás en problemas?

—Sí. Porque no compartí —dijo y bajó la mirada.

—Exactamente. No puedes hacer eso. Debes tratar mejor a los demás.

Colton levantó la vista y la posó en mí.

—Sí, lo sé, papá. Jesús me dijo que debía ser bueno.

No me esperaba esas palabras. Lo que más me sorprendió fue la forma en que lo expresó: *Jesús me dijo*

Pero no le di mayor importancia.

Sus maestros de la escuela dominical están haciendo un buen trabajo, pensé.

—Muy bien, y Jesús tiene razón, ¿no? —dije y puse fin a la discusión.

No recuerdo haberle dado a Colton un castigo por no compartir. Después de todo, con Jesús involucrado, mi autoridad no tenía mucho peso.

Un par de semanas después, comencé a prepararme para presidir un funeral en la iglesia. El hombre fallecido no era miembro de nuestra congregación, pero por lo general los pobladores que no asisten de manera asidua a la iglesia también quieren un funeral religioso cuando muere un ser querido. A veces, hacemos funerales para amigos o parientes de los miembros de nuestra congregación.

Colton debe de habernos escuchado a Sonja y a mí hablar de ese servicio religioso porque, una mañana, se me acercó en la sala y me tironeó de la camisa.

—Papi, ¿qué es un funeral?

Yo había presidido varios funerales en la iglesia desde el nacimiento de Colton, pero ahora él estaba en una edad en la que cada vez se interesaba más en cómo funcionaban las cosas y por qué.

—Pues, un funeral es lo que se hace cuando alguien muere. Murió un hombre del pueblo, y su familia vendrá a la iglesia a despedirse de él.

Instantáneamente, la expresión de Colton cambió. Su rostro adoptó un gesto serio y clavó una mirada intensa en mis ojos.

—¿Tenía a Jesús en el corazón este señor?

Mi hijo me preguntaba si el hombre que había fallecido era un cristiano que había aceptado a Jesús como su salvador, pero lo que me sorprendió fue la intensidad con que lo preguntó.

—No estoy seguro —dije—. No lo conocía muy bien.

El rostro de Colton se transformó con una mueca de terrible preocupación.

¡*Tenía* que tener a Jesús en el corazón! ¡*Tenía* que conocer a Jesús! ¡Si no, no podrá ir al cielo!

Otra vez me sorprendió su intensidad, especialmente porque Colton no conocía a ese hombre. Intenté reconfortarlo:

—Hablé con algunos de sus parientes, y me dijeron que sí —contesté.

Colton no parecía estar del todo convencido, pero su expresión se relajó un poco.

—Pues… ¡de acuerdo! —dijo y se marchó.

Por segunda vez en un par de semanas, pensé: *Guau, ¡los maestros de la escuela dominical están haciendo un trabajo estupendo!*

Ese fin de semana, Sonja vistió a Cassie y a Colton con sus mejores ropas, nos subimos a la Expedition y fuimos a la iglesia a preparar todo para el funeral. Al llegar, vi el coche de la funeraria Liewer aparcado afuera. Dentro de la iglesia, el bruñido ataúd de roble aguardaba a un lado del vestíbulo.

Cruzamos los dos pares de puertas abiertas que separaban el vestíbulo del santuario, donde comenzaba a reunirse la familia del difunto para el «servicio floral». Antes de mudarnos a Imperial, no había oído hablar de esto, pero ahora me parece una buena idea. Los familiares del difunto se reúnen frente a los asistentes, y el director del funeral va señalando las plantas, coronas y arreglos florales mientras explica quién los envió y lee en voz alta los mensajes de condolencias que puedan acompañarlos (por ejemplo: «La familia Smith envía estas hermosas azaleas púrpuras junto con sus condolencias»).

Se supone que el pastor esté presente durante el servicio floral. Eché un vistazo dentro del santuario, y mi mirada se cruzó con la del director del funeral, que me hizo una seña para indicarme que estaban listos para comenzar. Me di la vuelta para tomar de las manos a Colton y Cassie, y Colton señaló el ataúd.

—¿Qué es eso, papi?

Intenté una explicación sencilla:

—Ese es el ataúd. El hombre que falleció está ahí dentro.

De pronto, el rostro de Colton se frunció nuevamente con gran preocupación. Se golpeó los muslos con los puños, señaló el ataúd con un dedo y, casi gritando, dijo:

—¡¿Tenía a Jesús ese hombre?!

Sonja abrió los ojos de par en par y ambos miramos las puertas del santuario, aterrorizados de que la familia del difunto oyera a nuestro hijo.

—¡*Debía* tenerlo en el corazón! ¡*Debía* tenerlo en el corazón! —continuó Colton—. ¡Si no tenía a Jesús en el corazón, no podrá ir al cielo!

Sonja tomó a Colton de los hombros e intentó acallarlo, pero era *imposible sosegarlo*. Al borde del llanto, se retorcía en los brazos de Sonja y gritaba:

—¡*Tenía* que conocer a Jesús, papá!

Sonja lo alejó del santuario dándole empujoncitos en dirección a la puerta principal de la iglesia. Cassie los seguía. A través de las puertas de vidrio, yo veía a Sonja afuera, agachada, hablando con Cassie y Colton. Finalmente, Cassie tomó a su atribulado hermano de la mano y comenzó a recorrer el callejón que los llevaría a casa.

No sabía qué pensar. ¿De dónde le venía esta repentina preocupación sobre si un extraño era salvo, sobre si «tenía a Jesús en el corazón», tal como lo había expresado?

Lo único que sabía era esto: Colton se encontraba en esa edad en la que, cuando se le ocurría algo, simplemente lo expresaba. Como esa vez que lo llevé a un restaurante en Madrid, Nebraska: entró un muchacho con cabello muy largo y lacio, y Colton preguntó a viva voz si era un varón o una nena.

Vale decir que, por un tiempo después de este episodio, mantuvimos a Colton alejado de los funerales si no estábamos seguros de que el difunto fuera cristiano. Simplemente no sabíamos qué podía llegar a decir o hacer nuestro hijo.

DOCE

TESTIGO DEL CIELO

No fue sino hasta cuatro meses después de la cirugía de Colton, durante el viaje que hicimos en la festividad del 4 de julio para conocer a nuestro nuevo sobrino, que Sonja y yo finalmente tuvimos una idea de que algo extraordinario le había sucedido a nuestro hijo. Cierto era que había dicho y hecho una serie de cosas extrañas desde que salió del hospital: su insistencia de que le pagáramos al doctor O'Holleran por haberlo «reparado», la afirmación de que Jesús le había «dicho» que debía ser bueno y la vigorosa y casi vehemente insistencia durante el funeral en cuanto a que las personas *deben* conocer a Jesús para poder ir al cielo. Pero al pasar, y tomadas como breves viñetas de la atareada vida familiar, esas cosas simplemente parecían… pues, adorables. Excepto por el episodio del funeral; eso sí que había sido extraño.

Pero no *sobrenatural*. No fue sino hasta que atravesábamos North Platte en camino a Dakota del Sur que se encendieron las luces de alarma. Recordarás que yo venía fastidiando un poco a Colton mientras conducíamos por la ciudad.

—Oye, Colton, si doblamos aquí, podemos regresar al hospital. ¿Quieres regresar al hospital? —le dije. ¿Recuerdan?

Esa fue la conversación en la que Colton dijo que había «salido de su cuerpo», que había hablado con ángeles y que se había sentado en el regazo de Jesús. La forma en que supimos que no lo estaba inventando fue que pudo decirnos qué hacíamos nosotros en ese momento en otra parte del hospital.

«Tú estabas solo en un cuarto pequeñito, orando, y mamá estaba en otra habitación. Oraba y hablaba por teléfono».

Ni siquiera Sonja me había visto en esa habitación mientras me fundía con Dios.

De pronto, mientras conducíamos en nuestro viaje familiar, los incidentes de los meses anteriores cayeron en su lugar como los últimos giros rápidos que resuelven un cubo de Rubik: Sonja y yo nos dimos cuenta de que ésa no era la primera vez que Colton nos hacía saber que le había sucedido algo asombroso; sólo fue la vez en que lo hizo de manera más clara.

Cuando llegamos a Sioux Falls, estuvimos tan ocupados con las tareas de conocer a nuestro hermoso sobrino, ponernos al corriente de las novedades familiares y visitar la cascada que no tuvimos mucho tiempo para conversar acerca de las extrañas revelaciones de Colton. Pero durante los momentos de tranquilidad que preceden al sueño, un mar de imágenes me inundaba la mente; sobre todo, imágenes de los terribles momentos que pasé en esa pequeña habitación del hospital, furioso con Dios. En ese momento creí que estaba solo, que podía expresar mi ira y mi dolor en privado para poder seguir sosteniendo a Sonja. Pero mi hijo me dijo que me había visto...

Nuestra escapada transcurrió libre de desastres, y regresamos a Imperial a tiempo para que pudiera dar mi sermón dominical. La semana siguiente, Sonja y su amiga Sherri Schoenholz viajaron a Colorado Springs para el Pike's Peak Worship Festival, un congreso sobre la música religiosa como ministerio. En casa, sólo quedamos los niños y yo.

Como cualquier familia prudente de la zona de tornados de los Estados Unidos, contamos con un sótano debajo de nuestra casa de una planta. Este sótano está parcialmente terminado, y cuenta con una pequeña oficina y un cuarto de baño que dan a una gran sala multi propósitos. Colton y yo nos encontrábamos allí una noche; yo trabajaba en un sermón con el reconfortante sonido de fondo de una batalla de figuras de acción.

Colton tenía tres años y diez meses cuando lo operaron, pero habíamos celebrado su cumpleaños en mayo, por lo que ya tenía oficialmente cuatro. Era todo un niño grande. La fiesta que celebramos en su honor fue más especial que de costumbre; después de todo, casi lo habíamos perdido.

No recuerdo exactamente qué día de la semana era cuando Colton y yo estuvimos en el sótano; sólo me acuerdo de que era tarde y que Cassie no estaba allí, por lo que debió de haber pasado esa noche en la casa de una amiga. Mientras Colton jugaba cerca, mi atención regresó a la conversación que habíamos tenido en Arby's sobre Jesús y los ángeles. Quería indagar un poco más, hacerlo hablar del episodio otra vez. A esa edad, los niños no acostumbran contarte historias largas y detalladas porque sí, pero sí suelen responder a preguntas directas con respuestas directas. Si Colton realmente había tenido un encuentro sobrenatural, no quería hacerle preguntas capciosas. Le habíamos enseñado sobre nuestra fe durante toda su vida, pero si realmente había visto a Jesús y a los ángeles, ¡yo quería ser el aprendiz, no el maestro!

Sentado a mi escritorio improvisado, miré a mi hijo mientras hacía que el Hombre Araña se abalanzara sobre una fea criatura de Star Wars.

—Oye, Colton —dije—. ¿Recuerdas la noche que estábamos en el automóvil y contaste que habías estado sentado sobre el regazo de Jesús?

De rodillas en el piso, levantó la vista hacia mí.

—Sí.

—Eh, ¿sucedió algo más?

Asintió con la cabeza. Le brillaban los ojos.

—¿Sabías que Jesús tiene un primo? Jesús me contó que a él lo bautizó su primo.

—Sí, tienes razón —respondí—. La Biblia dice que el primo de Jesús se llama Juan.

Mentalmente, me reprendí: *No le des información. Tan sólo déjalo hablar*

—No recuerdo su nombre —continuó Colton, en tono alegre—, pero era muy simpático.

¡¿Juan el Bautista es «simpático»?!

Mientras procesaba las implicaciones de la afirmación de mi hijo, que había *conocido* a Juan el Bautista, Colton descubrió un caballo de plástico entre sus juguetes y lo levantó para mostrármelo.

—Oye, papá, ¿sabías que Jesús tiene un caballo?

—¿Un caballo?

—Sí. Un caballo con los colores del arco iris. Yo lo acaricié. Tiene muchos colores.

¿Muchos colores? ¿De qué estaba hablando?

—¿Dónde hay muchos colores, Colton?

—En el cielo, papá. Allí están todos los colores del arco iris.

Esto sí que provocó que mi cabeza comenzara a dar vueltas. De pronto me di cuenta de que, hasta ese momento, había estado dándole vueltas a la idea de que Colton quizá hubiera recibido algún tipo de visita divina; tal vez Jesús y los ángeles se le habían aparecido en el hospital. Había escuchado varias veces sobre fenómenos similares en casos de personas que habían estado tan cerca de la muerte como Colton. Ahora comenzaba a caer en cuenta de que mi hijo no estaba diciendo solamente que había salido de su cuerpo... *¡estaba diciendo que había salido del hospital!*

—¿Estuviste en el cielo?

—Pues, sí, papá —contestó, como si fuera algo completamente obvio.

Necesitaba una pausa. Me puse en pie, subí las escaleras, tomé el teléfono y marqué el número de Sonja. Cuando atendió, se escuchaba el sonido de la música y los cantos de fondo.

—¡¿Sabes lo que acaba de decirme tu hijo?!

—¿Qué? —gritó por encima del ruido.

—¡Me dijo que conoció a Juan el Bautista!

—¿Qué?

Le resumí el resto de la conversación. Su voz, del otro lado de la línea, estaba llena de asombro.

Intentó sacarme más detalles, pero la sala donde se celebraba el congreso era demasiado ruidosa. Finalmente, se rindió.

—Llámame esta noche después de la cena, ¿de acuerdo? —me dijo—. ¡Quiero saberlo todo!

Colgué y me apoyé en la mesa de la cocina mientras procesaba aquello. Poco a poco comencé a considerar la posibilidad de que todo fuera real. ¿Había muerto nuestro hijo y luego regresado? El personal médico no nos había dado indicación alguna en ese sentido, pero, claramente, *algo* le había sucedido. Él mismo lo había probado al mencionar cosas que no tenía manera de saber. Caí en cuenta de que tal vez habíamos recibido un regalo y que nuestra tarea ahora era desenvolverlo lenta y cuidadosamente para ver qué había dentro.

Volví abajo. Colton seguía de rodillas, bombardeando extraterrestres. Me senté a su lado.

—Eh, Colton —le dije—. ¿Puedo preguntarte algo más sobre Jesús?

Asintió con la cabeza sin quitar la vista de su devastador ataque a una montañita de X-Men.

—¿Cómo lucía Jesús? —pregunté.

Abruptamente, Colton dejó sus juguetes y me miró.

—Jesús tiene marcadores.

—¿Qué?

—Marcadores, papi... Jesús tiene marcadores. Y tiene el cabello castaño y tiene pelo en el rostro —dijo al tiempo que se tocaba el mentón.

Supuse que todavía no conocía la palabra *barba*.

—Y sus ojos... ah, papá, ¡tiene unos ojos *tan* hermosos!

Cuando dijo esto, su rostro adquirió una expresión de ensueño, como si estuviera lejos, disfrutando de un recuerdo especialmente precioso.

—¿Y qué de su ropa?

Colton regresó a la conversación y me sonrió.

—Tenía algo púrpura.

Al decir esto, Colton hizo un movimiento con la mano llevándola desde el hombro izquierdo hasta la cadera derecha. Al llegar abajo, lo repitió.

—Su ropa era blanca, pero era púrpura de aquí a aquí.

Otra palabra que no conocía: *faja*.

—Jesús era el único en el cielo que tenía algo púrpura, papá. ¿Lo sabías?

En la Biblia, el púrpura es el color de los reyes. Por la mente me cruzó un versículo del Evangelio según San Marcos: «Su ropa se volvió de un blanco resplandeciente como nadie en el mundo podría blanquearla».[1]

—Y tenía una cosa dorada en la cabeza...

Se llevó ambas manos a la coronilla y formó un círculo.

—¿Cómo una corona?

—Sí, una corona, y tenía una… una cosa de diamante en el medio, que era medio rosada. Y tiene marcadores.

La cabeza me daba vueltas. Mientras creía que guiaba a mi hijo tranquilamente por la conversación, él tomó las riendas y comenzamos a galopar. Mi mente se llenó de imágenes de las Escrituras: la Cristofanía —o aparición de Cristo— en el libro de Daniel; la aparición del Rey de reyes en el Apocalipsis. Estaba asombrado por la descripción que hizo mi hijo de Jesús en términos más bien humanos, y luego me sorprendió mi propio asombro, ya que nuestra fe gira en torno a la idea de que el hombre está hecho a imagen de Dios y de que Jesús vino a la Tierra y regresó al cielo como hombre.

Me sabía de memoria todas las historias de la Biblia que le habíamos leído a nuestro hijo con el correr de los años, muchas de las cuales provenían de la colección Arco; libros de cuentos con historias de la Biblia que yo mismo había leído en mi niñez. Conocía las clases de la escuela dominical de nuestra iglesia y sabía cuán simplificadas son las lecciones que se imparten a los niños en edad preescolar: Jesús te ama; sé amable con los demás; Dios es bueno. Lograr que un niño de esa edad se llevara de las clases dominicales un concepto de tres o cuatro palabras era todo un triunfo.

Pero aquí estaba mi hijo, con su vocecita infantil y su estilo directo, diciéndome cosas que no sólo eran asombrosas a simple vista, sino que además coincidían con la Biblia en todos los detalles, incluidos los colores del arco iris descritos en el libro del Apocalipsis.[2] Estos no son temas que entran en el programa para

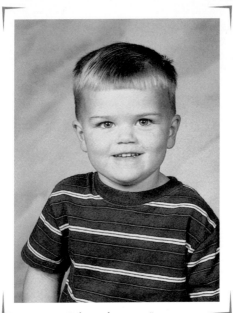

Colton a los tres años
en su foto de preescolar, octubre 2002

Doc's Dogders: equipo de sóftbol mixto de Todd y Sonja

Todd, Sonja y Colton en el Butterfly Pavilion en Denver,
1 de marzo 2003

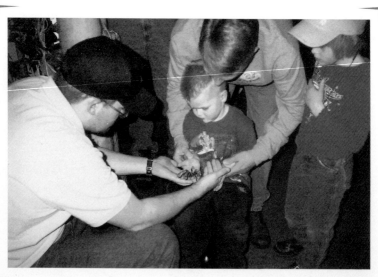

Colton sosteniendo a Rosie, la tarántula,
mientras Cassie —su hermana mayor— observa

Foto del periódico *Imperial Republican*,
una semana después de que Colton fue dado de alta del hospital

Colton en su fiesta de cumpleaños #4,
¡una tremenda celebración! 19 de mayo 2003

Colton, Todd, Sonja y Cassie en Sioux Falls,
Dakota del Sur, julio 2003

Colton en su primer
día de clases del segundo año
de preescolar, septiembre 2003

Todd y Colton,
noviembre 2003

Colton a los siete años y Colby a los dieciocho meses
jugando con sus espadas, primavera 2006

Colton, alias *The Flash*, octubre 2007

Lawrence Barber, «Pop», a los 29 años con Abuela Ellen,
el tío Bill y la mamá de Todd, Kay, 1943

Lawrence Barber, «Pop», a los 61 años

Prince of Peace [Príncipe de paz]
Por Akiane Kramarik

Cassie, Todd, Colby, Sonja y Colton
en el cumpleaños de Todd #40 al estilo vaquero, agosto 2008

niños en edad preescolar. Cada tanto, mientras hablaba, Colton me preguntaba a mí, su papá-pastor: «¿Lo sabías?»

A lo que respondía mentalmente: *Sí, pero, ¿cómo lo sabes tú?*

Me quedé sentado en silencio por un momento mientras Colton regresaba a su bombardeo. Sentado allí, intentaba decidir cuál sería mi próxima pregunta, algo que se convertiría en un patrón durante los años siguientes. Analicé todo lo que había dicho hasta el momento: Juan el Bautista, Jesús y sus vestiduras, el arco iris, caballos. Había entendido todo eso. Pero, ¿qué eran los marcadores?

¿Qué son «marcadores» para un pequeñito?

De pronto, lo comprendí.

—Dijiste que Jesús tenía marcadores. ¿Te refieres a marcadores como los que usas para colorear?

Colton asintió con la cabeza.

—Sí, colores. Tenía colores.

—¿Como cuando coloreas una página?

—Sí.

—¿De qué color son los marcadores de Jesús?

—Rojos, papi. Jesús tiene marcadores rojos.

Fue en ese momento cuando repentinamente comprendí lo que intentaba decirme Colton y se me hizo un nudo en la garganta. Con mucha cautela le pregunté:

—¿Dónde están los marcadores de Jesús?

Se puso en pie en seguida. Extendió la mano derecha con la palma hacia arriba, y con la izquierda señaló el centro. Luego extendió la mano izquierda y la señaló con la derecha. Finalmente, se inclinó y señaló el empeine de los dos pies.

—Ahí están los marcadores de Jesús, papi.

Respiré profundamente. *Colton* vio *esto. ¡Tiene que haberlo visto!*

Nosotros sabemos dónde le clavaron los clavos a Jesús cuando lo crucificaron, pero esos detalles grotescos no son la clase de cosas que les cuentas a niños en edad preescolar. De hecho, ni siquiera sabía si mi hijo había visto un crucifijo alguna vez. Los niños católicos crecen con esa imagen, pero los niños protestantes —sobre todo los más pequeños— crecen con la idea general de que «Jesús murió en la cruz».

También me llamaba la atención la rapidez con la que Colton respondía a mis preguntas. Hablaba con la simple convicción de un testigo y no con la cautela de alguien que está recordando las respuestas «correctas» que aprendió en la escuela dominical o en un libro.

—Voy arriba a buscar un poco de agua —le dije, pero en realidad sólo quería ponerle fin a la conversación. No sé si él ya había terminado, pero era suficiente para mí; ya tenía bastante información que procesar.

—De acuerdo, papi —dijo Colton y se inclinó sobre sus juguetes.

Arriba, en la cocina, me apoyé en la mesa mientras bebía agua de una botella. *¿Cómo puede saber estas cosas mi hijo?*

Sabía que no lo estaba inventando y también estaba bastante seguro de que ni Sonja ni yo le habíamos hablado sobre las ropas de Jesús, y mucho menos de lo que podía llegar a vestir en el cielo. ¿Habría sacado esos detalles de alguna de las historias bíblicas que les leíamos a los niños? Los conocimientos que Colton tenía sobre nuestra fe provenían más de esas historias que de cuatro domingos al mes. Sin embargo, las historias contenidas en los cuentos de la Biblia que le leíamos eran más bien narrativas, no tenían más de un par de cientos de palabras y no abundaban en detalles... detalles como que Jesús vistiera de blanco (sin embargo, la Biblia sí lo dice). Y *no* incluyen detalles sobre cómo luciría el cielo.

Bebí un trago más de agua mientras me exprimía los sesos pensando en la cuestión del primo y los «marcadores». Eso sí que no lo había aprendido de nosotros. No obstante, aun en los detalles que no entendía al principio, como los «marcadores», Colton había sido insistente. Y hubo otra cosa sobre los marcadores que me incomodaba. Cuando le pregunté cómo lucía Jesús, ese fue el primer detalle que mencionó. No habló de la faja púrpura, ni de la corona ni de los ojos de Jesús, con los que había quedado encantado, sino que, inmediatamente, dijo «Jesús tiene marcadores».

Una vez escuché una «adivinanza» espiritual que decía algo así: «¿Cuál es la única cosa que es igual en el cielo y en la Tierra?»

La respuesta: Las heridas en las manos y en los pies de Jesús.

Tal vez sea cierto.

TRECE

LUCES Y ALAS

Sonja llegó de Colorado Springs el sábado por la noche. Nos acurrucamos en la sala con sendos vasos de Pepsi y le conté el resto de lo que me había dicho Colton.

—¿Qué hemos estado pasando por alto? —me pregunté en voz alta.

—No lo sé —dijo—. Es como si de pronto saliera con toda esa nueva información.

—Quiero saber más, pero no sé qué preguntarle.

Ambos somos maestros; Sonja en el sentido formal de la palabra, y yo, en el pastoral. Coincidimos en que la mejor manera de proceder sería seguir haciéndole preguntas abiertas cuando la situación lo permitiera, y no llenar los huecos en el relato como yo, inadvertidamente, había hecho al sugerir la palabra *corona* cuando Colton me describió la «cosa dorada» que Jesús tenía sobre la cabeza. En los años subsiguientes, nos apegaríamos tanto a este curso de acción que Colton no descubriría la palabra *faja* sino hasta los diez años.

Un par de días después de nuestra conversación sobre los marcadores, estaba sentado a la mesa de la cocina preparando un sermón mientras Colton jugaba cerca. Levanté la vista de mis libros y la posé sobre mi hijo. Armado con espadas de juguete, estaba en el proceso de atarse las puntas de una toalla alrededor del cuello. Todos los superhéroes necesitan una capa.

Quería volver a preguntarle sobre el cielo y había estado dándole vueltas a posibles preguntas. Nunca antes había tenido una conversación como esa con mi hijo, por lo que estaba un poco nervioso sobre cómo iniciarla. En realidad, nunca había tenido una conversación como esa con *nadie*.

Quería hablar con Colton antes de que entrara en batalla, de modo que logré captar su atención y le hice una seña para que viniera a sentarse conmigo. Vino al trote y se trepó a una silla en el extremo de la mesa de la cocina.

—¿Sí?

—¿Recuerdas cuando me contaste sobre cómo lucía Jesús y sobre el caballo de colores?

Asintió con la cabeza. Tenía los ojos bien abiertos y su expresión era seria.

—¿Estuviste en el cielo?

Volvió a asentir.

Me di cuenta de que estaba comenzando a aceptar que sí, que tal vez realmente había estado en el cielo. Era como si nuestra familia hubiera recibido un regalo y, tras haber retirado el envoltorio, sólo conociera su forma exterior. Ahora quería saber qué había dentro de la caja.

—¿Y qué hiciste en el cielo?

—La tarea.

¿La tarea? No era eso lo que esperaba. Quizá práctica coral, pero, ¿la tarea?

—¿A qué te refieres?

Colton sonrió.

—Jesús fue mi maestro.

—¿Como en la escuela?

Asintió.

—Jesús me dio tarea para hacer, y eso fue lo que más me gustó del cielo. Había muchos niños, papá.

Esta afirmación marcó el inicio de un período que desearía haber registrado por escrito. En esa conversación, y durante el año posterior, Colton nombró a muchos de los niños que dijo que estuvieron con él en el cielo. Ahora ya no recuerda sus nombres, y Sonja y yo, tampoco.

Esta también fue la primera vez que Colton mencionó a otras personas en el cielo. Es decir, otras personas además de las figuras bíblicas como Juan el Bautista, si bien debo admitir que lo veía a él más bien como... pues, más como un «personaje» que como una persona de carne y hueso como tú y yo. Parece una tontería, ya que los cristianos hablamos todo el tiempo de ir al cielo cuando muramos. ¿Por qué no se me había ocurrido que Colton podía haber visto a otras personas comunes y corrientes allí?

Pero todo lo que se me ocurrió preguntar fue:

—¿Y cómo eran estos niños? ¿Cómo lucen las personas en el cielo?

—Todos tienen alas —dijo.

Con que alas, ¿eh?

—¿Tú también tenías alas?

—Sí, pero las mías no eran muy grandes.

Se veía un poco apesadumbrado cuando dijo esto.

—Bien... Y, ¿cómo hacías para ir de un lado a otro? ¿Caminabas o volabas? —le pregunté.

—Volaba. En realidad, todos volábamos, menos Jesús. Él era el único en el cielo que no tenía alas. Jesús simplemente subía y bajaba, como un elevador.

Me cruzó por la mente el libro de los Hechos, más precisamente la escena de la ascensión de Jesús, cuando les dice a sus discípulos que ellos serían sus testigos y les contarían a todas las personas del mundo sobre Él. Según la Biblia, después de decir eso, «mientras ellos lo miraban, [Jesús] fue llevado a las alturas hasta que una nube lo ocultó de su vista. Ellos se quedaron mirando fijamente al cielo mientras él se alejaba. De repente, se les acercaron dos hombres vestidos de blanco, que les dijeron: "Galileos, ¿qué hacen aquí mirando al cielo? Este mismo Jesús, que ha sido llevado de entre ustedes al cielo, vendrá otra vez de la misma manera que lo han visto irse"».[1]

Jesús ascendió y regresará. Sin alas. A los ojos de un niño, eso puede parecer un elevador.

Colton interrumpió mis pensamientos.

—En el cielo, todos parecen ángeles, papá.

—¿Qué quieres decir con eso?

—Todos tienen una luz sobre la cabeza.

Escarbé mis sesos en busca de conocimientos sobre ángeles y luz. En la Biblia, cuando aparecen ángeles, a veces resplandecen con una luz muy brillante, casi enceguecedora. Cuando María Magdalena se presentó con las demás mujeres en el sepulcro de Jesús tres días después de que lo hubieron enterrado, el Evangelio dice que un ángel salió a su encuentro y se sentó sobre la piedra sepulcral, que de algún modo había sido corrida: «Su aspecto era como el de un relámpago, y su ropa era blanca como la nieve».[2]

Recordé que el libro de los Hechos habla sobre el discípulo Esteban. Al ser acusado de herejía ante un tribunal judío, todos los miembros del tribunal vieron que su «rostro se parecía al de un ángel».[3] Poco después, Esteban murió apedreado.

En el libro de Apocalipsis, el apóstol Juan escribe que vio un «*ángel* poderoso que bajaba del cielo envuelto en una nube. Un arco iris rodeaba su cabeza» y que el rostro del ángel *brillaba* «*como* el sol».[4]

No pude recordar ángeles que tuvieran específicamente *luces* —o halos, como los llaman algunos— sobre la cabeza, pero también sabía que los conocimientos que Colton tenía sobre ángeles a partir de la Biblia y los libros de cuentos no incluían luces sobre la cabeza de los ángeles. Además, ni siquiera conocía la palabra *halo*. Hasta donde yo sabía, tampoco había visto un halo, dado que las historias de la Biblia que le leíamos antes de ir a dormir y las clases de la escuela dominical son muy fieles a las Escrituras.

De cualquier modo, lo que me dijo me intrigó por otra razón: una amiga, la esposa de un pastor de una iglesia de Colorado, me había contado algo que su hija Hannah le había dicho cuando tenía tres años. Una mañana, cuando terminó el servicio dominical, Hannah tironeó de la falda de su madre y le preguntó: «Mami, ¿por qué algunas de las personas en la iglesia tienen luces sobre la cabeza, y otras no?»

Recuerdo que en ese momento pensé dos cosas. La primera fue que me habría arrodillado para preguntarle a Hannah: «¿Tengo una luz sobre la cabeza? ¡Di que sí, por favor!»

También me pregunté qué habría visto Hannah, y si lo había visto porque, al igual que mi hijo, tenía la fe de un niño.

Cuando los discípulos le preguntaron a Jesús quién era el más importante en el reino de los cielos, Jesús llamó a un pequeño que se encontraba entre la multitud y lo hizo pararse frente a todos para ponerlo como ejemplo. Y dijo: «Les aseguro que a menos que ustedes cambien y se vuelvan como niños, no entrarán en el reino de los cielos. Por tanto, el que se humilla como este niño será el más grande en el reino de los cielos».[5]

El que se humilla como este niño...

¿Qué es la humildad infantil? No es falta de inteligencia, sino falta de maña, falta de intereses ocultos. Es esa preciosa y efímera etapa antes de haber acumulado suficiente orgullo o actitud como para que nos importe lo que piensan los demás. Es la misma honestidad genuina que hace que un niño de tres años pueda chapotear alegremente en un charco de lluvia, revolcarse en el césped como un cachorrito mientras ríe a carcajadas o decir en voz muy alta que tienes un moco colgando de la nariz, la que se necesita para entrar en el cielo. Es lo opuesto a la ignorancia. Es honestidad intelectual: es estar dispuesto a aceptar la realidad aun cuando es difícil y llamar a las cosas por su nombre.

Todo esto me pasó por la cabeza en apenas un instante, pero me lo guardé para mí.

—Así que una luz, ¿eh? —fue todo lo que dije.

—Sí, y tienen amarillo de aquí a aquí —dijo, mientras volvía a hacer el movimiento que representaba una faja desde el hombro izquierdo hasta la cadera derecha.

—Y blanco de aquí a aquí —continuó, mientras se llevaba las manos a los hombros y luego se inclinó para tocarse los empeines.

Pensé en el «hombre» que se le apareció al profeta Daniel: «El día veinticuatro del mes primero, mientras me encontraba yo a la orilla del gran río Tigris, levanté los ojos y vi ante mí a un hombre vestido de lino, con un cinturón del oro más refinado. Su cuerpo brillaba como el topacio, y su rostro resplandecía como el relámpago; sus ojos eran dos antorchas encendidas, y sus brazos y piernas parecían de bronce bruñido...».[6]

Colton volvió a trazarse una faja en el pecho con la mano y dijo que las personas en el cielo usaban colores diferentes a los que vestían los ángeles.

A esa altura, mi medidor de nueva información estaba casi saturado, pero necesitaba saber una cosa más. Si Colton realmente había estado en el cielo, si en verdad había visto todas esas cosas —caballos, ángeles, a Jesús, a otros niños— y estuvo allí arriba (¿es *arriba*?) el tiempo suficiente como para *hacer la tarea*, ¿cuánto tiempo estuvo afuera de su cuerpo, según él mismo decía?

Lo miré, de rodillas sobre la silla de la cocina con la capa-toalla amarrada al cuello.

—Dijiste que estuviste en el cielo e hiciste todas estas cosas... *muchas* cosas. ¿Cuánto tiempo estuviste allí? —le pregunté.

Me miró a los ojos y no dudó ni un momento.

—Tres minutos.

Acto seguido, se bajó de la silla de un brinco y volvió a su juego dando saltitos.

CATORCE

EN TIEMPO CELESTIAL

¿Tres minutos?

Mientras Colton se preparaba para un duelo épico de espadas de plástico con un villano invisible, yo, maravillado, pensaba en su respuesta.

Colton ya había validado su experiencia al decirme cosas que no podía saber de otra manera. Pero ahora debía cuadrar su respuesta —«tres minutos»— con todo lo que me había dicho antes. Clavé la mirada en la Biblia, que estaba abierta sobre la mesa de la cocina, y repasé mentalmente las posibilidades.

Tres minutos. No era posible que Colton hubiera visto y hecho todo lo que había descrito hasta el momento en apenas tres minutos. Por supuesto, no era lo suficientemente grande como para saber medir el tiempo, por lo que quizá su idea de tres minutos *reales* no era la misma que la de un adulto. Al igual que la mayoría de los padres, estaba bastante seguro de que Sonja y yo no lo ayudábamos mucho en ese sentido cuando prometíamos cortar el teléfono, terminar una conversación en el patio con el vecino o dejar de trabajar en el garaje en «cinco minutos», que se convertían en *veinte*.

También era posible que el tiempo en el cielo no correspondiera con el tiempo en la Tierra. La Biblia dice que con el Señor, «un día es como mil años, y mil años como un día».[1] Algunas personas lo interpretan como una equivalencia literal, es decir como que dos días equivaldrían a dos mil años. Yo, en cambio, siempre lo tomé en el sentido de que Dios opera fuera de nuestro entendimiento del tiempo. El tiempo en la Tierra está vinculado a un reloj regido por el sistema solar. Sin embargo, la Biblia dice que en el cielo no hay sol porque allí Dios es la luz. Tal vez en el cielo no haya tiempo, al menos no como lo entendemos nosotros.

Por otra parte, la respuesta de Colton de los «tres minutos» fue tan directa y natural como si me hubiera contado que había tomado cereal en el desayuno. En lo que respecta a nuestra forma de medir el tiempo, puede que haya tenido razón. Si abandonó su cuerpo y regresó a él, no puede haber pasado mucho tiempo. Sobre todo porque nunca recibimos ninguna clase de informe que dijera que Colton había estado clínicamente muerto. De hecho, el informe postoperatorio que recibimos era claro en cuanto a que, si bien el pronóstico de nuestro hijo había sido lúgubre, la cirugía había salido bien:

INFORME QUIRÚRGICO

FECHA DE LA OPERACIÓN: 5/3/2003

DIAGNÓSTICO PREOPERATORIO: Apendicitis aguda

DIAGNÓSTICO POSOPERATORIO: Apéndice perforado y
  absceso
OPERACIÓN: Apendicetomía y drenaje del absceso
CIRUJANO: Timothy O'Holleran, doctor en medicina
DESCRIPCIÓN DE LA CIRUGÍA: Se colocó al paciente decú-
  bito supino sobre la mesa de operaciones. Bajo anestesia
  general, se preparó y cubrió el abdomen de forma estéril.
  Se practicó una incisión transversal en el cuadrante derecho inferior hasta la cavidad peritoneal... El paciente tenía
  el apéndice perforado y un absceso. Se extirpó el apéndice
  del campo operatorio.

En mi cabeza, un pensamiento prorrumpió como una bomba: *Colton no había muerto.*

¿Cómo podía haber ido al cielo si no había estado muerto?

Rumié esta idea durante algunos días. Apenas había pasado
alrededor de una semana desde que Colton nos había hablado
de los ángeles, y yo no quería seguir sacando el cielo como tema
de conversación. Finalmente no pude soportar más y busqué a
Colton por todos los rincones de la casa hasta que lo encontré,
arrodillado en la habitación que habíamos convertido en sala de
juegos, construyendo una torre de LEGO. Me apoyé en el marco
de la puerta y busqué captar su atención.

—Oye, Colton, hay algo que no comprendo.

Colton me miró, y descubrí que su rostro había recuperado
su redondez habitual. Sus mejillas estaban llenas y rosadas otra
vez después que su enfermedad las hubiera consumido y teñido
de un color cetrino.

—¿Qué?

—Dijiste que fuiste al cielo. Pero hay que morir para ir al cielo.

La mirada de Colton no vaciló.

—Pues, de acuerdo. Sí, morí. Pero sólo un momento.

Se me paró el corazón un segundo. Si tu hijo en edad preescolar no te ha dicho que estuvo muerto, no te lo recomiendo. Pero Colton no había estado muerto. Yo había leído su registro médico. Colton nunca había dejado de respirar; su corazón no se había detenido en ningún momento.

Me quedé en el vano de la puerta mientras le daba vueltas a este nuevo dato mientras Colton regresaba a sus juguetes. Luego recordé que la Biblia menciona, en distintas partes, casos de personas que vieron el cielo *sin* estar muertas. El apóstol Pablo escribió a la iglesia de Corinto sobre un cristiano al que conocía personalmente y que había sido llevado al cielo, «(no sé si en el cuerpo o fuera del cuerpo; Dios lo sabe). Y sé que este hombre… fue llevado al paraíso y escuchó cosas indecibles que a los humanos no se nos permite expresar».[2]

Por supuesto, también estaba el apóstol Juan, que describió el cielo en gran detalle en el libro de Apocalipsis. Juan había estado exiliado en la isla de Patmos, donde un ángel lo visitó y le ordenó que escribiera una serie de profecías y las enviara a diversas iglesias. Juan escribe:

Después de esto miré, y allí en el cielo había una puerta abierta. Y la voz que me había hablado antes con sonido como de trompeta me dijo: «Sube acá: voy a mostrarte lo que tiene que suceder después de esto». Al instante vino sobre mí el Espíritu y vi un trono en el cielo, y a alguien sentado en el trono. El que estaba sentado tenía un aspecto semejante a una piedra de jaspe y de cornalina. Alrededor del trono había un arco iris que se asemejaba a una esmeralda.[3]

Arco iris... ¿Dónde había oído esa palabra recientemente?

Mientras meditaba sobre los fundamentos que da la Biblia en cuanto a poder experimentar el cielo sin morir, me di cuenta de que, al decirme que había muerto «por un momento», Colton sólo había intentado cuadrar lo que sabía por experiencia propia con las afirmaciones de su papá-pastor. Como cuando caminas al aire libre y descubres que la calle está mojada y llegas a la conclusión de que debe de haber llovido.

Permíteme explicarte. Tengo el concepto encasillado de que «hay que morir para ir al cielo», y Colton, por su confianza en mí, llegó a la conclusión de que «pues, entonces debo de haber estado muerto, porque estuve allí».

De repente, su vocecita aguda se hizo oír otra vez.

—Papi, ¿recuerdas cuando grité pidiendo por ti en el hospital, cuando desperté?

¿Cómo podría olvidarlo? Fue el sonido más bello que jamás haya escuchado.

—Por supuesto que lo recuerdo —le dije.

—Pues, la razón por la que gritaba era porque Jesús había venido a buscarme. Dijo que debía regresar porque él estaba respondiendo tus oraciones. Por eso gritaba por ti».

De pronto, se me aflojaron las rodillas. Recordé las oraciones que elevé cuando estaba solo, furioso con Dios, y las oraciones de la sala de espera, silenciosas y desesperadas. Recuerdo cuán asustado estaba, cómo sufría al pensar si Colton soportaría o no la cirugía, si viviría lo suficiente para que yo volviera a ver su hermoso rostro una vez más. Esos fueron los noventa minutos más largos y lúgubres de toda mi vida.

¿Jesús había respondido mi plegaria? ¿En persona? ¿Después de haberle gritado a Dios, de haberlo regañado y cuestionado su sabiduría y lealtad?

¿Por qué habría Dios de responder una plegaria como esa? ¿Cómo merecer su misericordia?

QUINCE

CONFESIÓN

Las primeras semanas de julio abrasaron las llanuras y nutrieron los campos de maíz con un calor digno de un invernadero gigante. Los cielos azules de Wedgewood se extendían hasta Imperial prácticamente todos los días, y el aire zumbaba durante el día por los mosquitos y cantaba durante las noches por los grillos. A mediados de julio conduje hasta Greeley, Colorado, para el congreso distrital de la denominación. Cerca de ciento cincuenta pastores, esposas de pastores y delegados de Nebraska y Colorado nos reuniríamos en la iglesia de la que Steve Wilson era pastor, la misma que había visitado en marzo mientras Sonja se quedaba en casa de los Harris para cuidar de Colton cuando todos creíamos que tenía una gastroenteritis.

Los católicos practican la confesión como un sacramento, contándole a un sacerdote sus pecados y defectos. Los protestantes también practicamos la confesión, si bien lo hacemos de manera menos formal y, por lo general, directamente con Dios, sin intermediarios. Pero la reciente revelación de Colton en cuanto a que mis plegarias furibundas habían llegado directamente al cielo y habían recibido una respuesta igual de directa, me hizo sentir que necesitaba otra clase de confesión.

Haberme enojado tanto con Dios no me hacía sentir bien. Cuando estaba tan disgustado, consumido por las llamas de la ira justificada porque Él estaba por llevarse a mi hijo, ¿adivina quién lo sostenía? ¿Adivina quién, sin ser visto, daba su amor a mi hijo? Como pastor, sentía que debía rendir cuentas ante otros pastores por mi falta de fe. De modo que en la Iglesia Wesleyana de Greeley, durante la conferencia, le pregunté a Phil Harris, el director de nuestro distrito, si podría disponer de unos minutos.

Phil accedió, y cuando llegó el momento me puse en pie ante mis pares en el santuario que los domingos por la mañana acoge a unas mil personas en sus bancos. Tras contar brevemente el estado actual de salud de Colton, agradecí a esos hombres y mujeres por sus plegarias en nombre de la familia. Luego, comencé mi confesión.

«La mayoría de los presentes sabe que, antes de todo lo que sucedió con Colton, yo me había fracturado una pierna y me habían realizado una cirugía para extraer cálculos renales, a lo que se sumó la mastectomía. Tuve un año tan difícil que algunos comenzaron a llamarme "pastor Job"».

En el santuario resonaron algunas risas.

«Pero nada de eso me dolió tanto como ver lo que estaba atravesando Colton, y me enojé muchísimo con Dios. Soy hombre, y como nos pasa a todos los varones, yo tenía que *hacer* algo. Y lo único que sentí que podía hacer era gritarle a Dios».

Describí brevemente mi actitud en aquella pequeña habitación del hospital, donde agredí a Dios culpándolo de lo que le sucedía a Colton y quejándome por la forma en que Él había decidido tratar a uno de sus pastores, como si yo de algún modo tuviera que estar exento de problemas por estar haciendo *su* trabajo.

«En ese momento», proseguí, «cuando estaba tan alterado e indignado, ¿pueden creer que Dios decidió responder a mi plegaria? ¿Pueden creer que a pesar de haber elevado una oración como esa, Dios me respondió con un "sí"?»

¿Qué había aprendido? Recordé nuevamente que podía mostrarme tal como soy ante Dios; que no tenía que elevar una plegaria santurrona y beata para que me escucharan en el cielo.

—Es mejor decirle a Dios lo que pensamos —dije—. A fin de cuentas, Él ya lo sabe.

Lo más importante que aprendí fue que mis oraciones *son escuchadas*. Las de todos lo son. Soy cristiano desde que era un niño y llevo la mitad de mi vida como pastor, por lo que eso era algo en lo que ya creía; pero ahora lo *sé*. ¿Cómo? Cuando las enfermeras empujaban la camilla que se llevaba a mi hijo entre alaridos de «¡Papi! ¡Papi, no permitas que me lleven!», cuando me enojé con Dios porque no podía estar con mi hijo, abrazarlo y reconfortarlo, el hijo de Dios tenía al mío en el regazo.

DIECISÉIS

POP

Un soleado día de agosto, Colton, a la sazón de cuatro años, se acomodó de un salto en el asiento del acompañante de mi camioneta roja y juntos emprendimos camino hacia Benkelman. Tenía que ir allí para cotizar un trabajo y decidí llevarlo conmigo. Él no estaba muy interesado en la instalación de portones de garaje industriales pero le encantaba subirse a mi pequeña Chevy diesel porque, a diferencia de la Expedition, donde tenía una visión limitada en el asiento trasero, en la Chevy su asiento de seguridad quedaba más alto y podía verlo todo.

Benkelman es un pueblito agrícola a unos sesenta kilómetros al sur de Imperial. Fundado en 1887, está en franca declinación como muchas otras comunidades rurales de Nebraska. La tecnología poco a poco se va quedando con los trabajos agrícolas de la población y las personas deben mudarse a ciudades más grandes en busca de empleo. Atravesamos las plantas familiares de fertilizantes y procesamiento de patatas que se elevan en el extremo este de Imperial y doblamos al sur en dirección al lago Enders. Dejamos atrás el campo municipal de golf salpicado de cedros que se extendía a nuestra izquierda y mientras pasábamos junto a una represa de concreto nos encontramos con los destellos del lago abajo a la derecha. Colton miró hacia el lago y descubrió una lancha que remolcaba a un esquiador en su espumosa estela. Cruzamos la represa, nos adentramos en el valle y subimos a la autopista de dos carriles que va hacia el sur. Ahora nos rodeaban hectáreas de tierras agrícolas, interrumpidas aquí y allá por franjas de asfalto, con plantas de maíz de casi dos metros de altura de un verde brillante que contrastaba con el azul del cielo.

De repente, Colton interrumpió el silencio.

—Papá, tu abuelo se llamaba Pop, ¿no?

—Así es —le dije—. Falleció cuando yo tenía más o menos la misma edad que tú tienes ahora.

—¿Él era el papá de tu mamá o el papá de tu papá?

—Pop era el papá de mi mamá.

Colton sonrió.

—Es un señor muy bueno.

Casi me salgo del camino y voy a parar en el maíz. Es una locura cuando tu hijo usa el tiempo presente para referirse a alguien que murió un cuarto de siglo antes de su nacimiento. Aun así, intenté mantener la calma.

—De modo que viste a Pop —comenté.

—Sí, me quedé con él cuando estuve en el cielo. Tenías una relación muy cercana con él, ¿eh, papá?

—Sí.

Eso fue todo lo que pude responder. La cabeza me daba vueltas. Colton acababa de introducir un tema nuevo: las personas que perdiste y que luego reencontrarás en el cielo. Puede parecer una locura, pero con toda nuestra conversación sobre Jesús, los ángeles y los caballos, nunca se me había ocurrido preguntarle si se había encontrado con alguien que *yo* pudiera conocer. De cualquier modo, ¿por qué habría de ocurrírseme esa pregunta? No habíamos perdido a ningún pariente o amigo desde el nacimiento de Colton, por lo que, según mis cálculos, no debía de haber nadie conocido para él allí.

Ahora, esto.

Debo de haber conducido otros quince kilómetros en dirección a Benkelman mientras se me cruzaban toda clase de pensamientos por la cabeza. Pronto, los campos de maíz comenzaron a intercalarse con cuadrados perfectos de rastrojo quemado por el sol: que era lo que quedaba de los campos de trigo después de la cosecha.

No quería volver a cometer el mismo error de meterle ideas en la cabeza a Colton como eso de que hay que estar muerto para poder ir al cielo. No quería que me diera información complaciente; quería saber la verdad.

A la izquierda, a unos cuatrocientos metros del camino, se erigía el campanario blanco de una iglesia. Parecía surgir del maíz. Se trataba de la iglesia luterana de St. Paul, construida en 1918. Me pregunté qué pensarían los miembros de ese antiguo hito local de las cosas que nuestro pequeño nos había estado diciendo.

Finalmente, cuando entramos en el condado de Dundy, estuve listo para comenzar a hacerle algunas preguntas abiertas.

—Oye, Colton —comencé.

Al oírme, abandonó la ventana por la que venía observando a un faisán que avanzaba paralelo a nosotros entre los campos de maíz y se dio la vuelta hacia mí.

—¿Qué?

—¿Cómo lucía Pop?

En su rostro se dibujó una gran sonrisa.

—Oh, papá, ¡Pop tiene alas muy grandes!

Otra vez hablaba en tiempo presente. Era extraño.

Continuó:

—Mis alas eran muy pequeñas, pero las de Pop eran grandes.

—¿Qué ropa tenía puesta?

—Estaba vestido de blanco, pero tenía azul aquí —dijo, mientras hacía, todo lo bien que podía hacerlo amarrado a su asiento de seguridad, el movimiento que representaba la faja.

Desvié la camioneta hacia el costado para esquivar una escalera de mano que alguien había perdido en medio del camino y regresé al centro del carril.

—¿Y te quedaste con Pop?

Colton asintió con la cabeza y me pareció notar un destello en sus ojos.

—Cuando era pequeño, me divertía muchísimo con Pop —le dije.

No le conté a Colton la razón por la que pasé tanto tiempo con Pop y la abuela Ellen en su finca de Ulysses, Kansas, pero la triste verdad era que mi padre, un químico que trabajaba para la petrolera Kerr-McGee Petroleum, sufría de trastorno bipolar. En ocasiones, cuando sus episodios se ponían lo suficientemente graves, mi madre, Kay, maestra de educación primaria, debía internar a papá en el hospital. En esas ocasiones, me enviaba a casa de Pop para protegerme. No sabía que lo hacía para alejarme de todo eso, sólo sabía que me encantaba recorrer la finca, perseguir gallinas y cazar conejos.

—Pasé mucho tiempo con Pop en la casa que tenía con la abuela en el campo —le dije—. Me subía a la cosechadora y al tractor con él. El abuelo tenía un perro, y a veces lo llevábamos con nosotros a cazar conejos.

Colton asintió otra vez.

—Sí, lo sé. ¡Pop me lo contó!

Como no sabía qué responder a esa afirmación, continué:

—El perro se llamaba Charlie Brown, y tenía un ojo azul y otro marrón.

—¡Genial! —dijo Colton—. ¿Podemos tener un perro como ese?

Ahogué una risita.

—Ya veremos.

Mi abuelo, Lawrence Barber, era granjero. Era una de esas personas que conocen a todo el mundo y a quien todos consideran un amigo. La mayoría de los días se levantaba antes del amanecer y recorría la distancia que separaba su finca en

Ulysses, Kansas, de la tienda de rosquillas del pueblo para intercambiar historias con sus amigos. Era un hombre corpulento;
antes de la crisis había jugado fútbol americano como defensor.
Su esposa, la abuela Ellen —la misma que nos envió dinero para
ayudarnos con las cuentas del hospital—, solía decir que hacían
falta cuatro o cinco atacantes para derribar a Lawrence Barber
en el campo de juego.

Pop sólo iba a la iglesia de vez en cuando. Como muchos
hombres, era más bien reservado en cuanto a las cuestiones espirituales. Yo tenía unos seis años cuando murió. Venía conduciendo tarde en la noche y se salió del camino. Su Crown Victoria
chocó contra un poste y lo partió en dos. La mitad superior del
poste cayó hacia adelante y aplastó el techo del automóvil, pero
el impulso que traía el vehículo lo llevó unos 800 metros campo
adentro. El accidente dejó sin energía eléctrica a un corral de
engorde que quedaba un poco más atrás en la dirección en la
que venía Pop, lo que hizo que uno de los trabajadores saliera
a investigar qué había sucedido. Al parecer, Pop estaba vivo y
todavía respiraba después del accidente, porque los socorristas
lo encontraron tendido sobre el asiento del acompañante mientras intentaba alcanzar la manija para poder escapar del automóvil. Pero cuando la ambulancia llegó al hospital, los médicos lo
declararon muerto. Tenía apenas sesenta y un años.

Recuerdo ver la angustia de mi madre en el funeral, pero su
dolor no terminó allí. A medida que me hacía mayor, a veces la
veía orar con el rostro cubierto de lágrimas. Cuando le preguntaba qué sucedía, me decía:

—Me preocupa si Pop habrá ido al cielo.

No fue sino hasta mucho tiempo después, en 2006, que nos enteramos por medio de mi tía Connie sobre un servicio religioso especial al que Pop había asistido dos días antes de morir. En ese servicio estaría la respuesta sobre el destino eterno de mi abuelo.

Era el 13 de julio de 1975; el lugar, Johnson, Kansas. Mamá y la tía Connie tenían un tío llamado Hubert Caldwell. Me agradaba el tío Hubert. Era un predicador rural modesto a quien le encantaba conversar; era el tipo de hombre con el que no cuesta hablar. (Además, yo disfrutaba de su compañía porque era de baja estatura, más bajo que yo. Tener que mirar hacia abajo para conversar con alguien es algo que me sucede tan pocas veces que esa oportunidad se siente como un privilegio.)

El tío Hubert había invitado a Pop, Connie y a muchas otras personas a los servicios de avivamiento que presidía en su pequeña iglesia rural. Desde detrás de su púlpito en la Iglesia de Dios de la Fe Apostólica, Hubert cerró su mensaje y preguntó si alguno de los presentes quería darle su vida a Cristo. El tío Hubert vio a Pop levantar la mano pero, de algún modo, mi madre no supo de eso en su momento y durante los veintiocho años siguientes la salvación de mi abuelo fue una preocupación intermitente para ella.

Cuando regresamos a casa después de la visita a Benkelman, llamé a mi madre para contarle lo que había dicho Colton. Esto fue un viernes. A la mañana siguiente, estaba estacionando su automóvil en nuestra entrada. Había conducido desde Ulysses sólo para escuchar lo que su nieto tenía que decir sobre su padre. Nos sorprendió lo rápido que había llegado.

—Guao, ¡sí que condujo sin desviarse! —dijo Sonja.

Esa noche, durante la cena, Sonja y yo escuchamos a Colton contarle a su abuela sobre el caballo de arco iris de Jesús y sobre el tiempo que había pasado con Pop. Lo que más le sorprendió a mamá fue la forma en que Colton le contó la historia. Pop había reconocido a su bisnieto aún cuando Colton nació décadas después de su muerte. Eso hizo que mamá se preguntara si los que partieron antes que nosotros saben lo que sucede en la Tierra, o si en el cielo reconoceremos a nuestros seres queridos, incluso a aquellos que no llegamos a conocer en vida, mediante alguna forma de conocimiento que no tenemos en la Tierra.

Luego mamá le hizo una extraña pregunta a Colton.

—¿Dijo algo Jesús sobre el hecho de que tu papá se haya convertido en pastor?

Mientras me preguntaba en silencio por qué rayos habría de surgir mi vocación como tema de conversación en el cielo, Colton me sorprendió con un entusiasta movimiento afirmativo de cabeza.

—¡Ah, sí! Jesús me dijo que fue donde papi y le dijo que quería que fuera pastor, y que papi le dijo que sí, y Jesús se puso muy contento.

Estuve a punto de caerme de la silla.

Eso era cierto, y recuerdo vívidamente la noche en que sucedió. Tenía trece años y estaba en un campamento juvenil de verano en la universidad John Brown en Siloam Springs, Arkansas.

En una de las reuniones vespertinas, el reverendo Orville Butcher habló sobre cómo llama Dios a las personas a servirlo y las utiliza para que realicen en el mundo su trabajo divino.

El pastor Butcher era un predicador de baja estatura, calvo y vivaz. Era enérgico y estimulante, y no aburrido y seco como un niño esperaría que fuera un pastor mayor. Esa noche, nos presentó un desafío a los 150 adolescentes allí reunidos:

«Aquí hay algunos jóvenes que a Dios le resultarían útiles como pastores y misioneros», dijo.

El recuerdo de ese momento es uno de los más claros, puros y nítidos de mi vida; algo así como la graduación de la escuela secundaria o el nacimiento del primer hijo. Recuerdo que nos dispersamos y que la voz del reverendo se perdió en la distancia. De pronto, sentí una presión en el corazón, casi como un susurro: *«Ese eres tú, Todd. Eso es lo que quiero que hagas».*

No tenía dudas de que acababa de oír a Dios y estaba decidido a obedecerlo. Me di la vuelta hacia el pastor Butcher justo a tiempo para escucharlo decir que si alguno de nosotros había oído a Dios esa noche, si alguno se había comprometido a servirlo, debería decírselo a alguien cuando llegara a casa para que al menos una persona más lo supiera. De modo que cuando llegué a casa, fui a la cocina.

—Mamá —dije—, cuando crezca, seré pastor.

Desde ese día, décadas atrás, mamá y yo repasamos esa conversación en varias oportunidades. Pero nunca le habíamos dicho nada a Colton sobre eso.

DIECISIETE

DOS HERMANAS

A medida que los verdes días de verano daban paso a un otoño cobrizo, tuvimos alguna que otra charla con Colton sobre el cielo. Pero había una conversación que surgía bastante seguido: ¿cómo lucía Jesús cuando Colton lo vio? La razón de la frecuencia de este tema en particular fue que, como pastor, paso mucho tiempo en hospitales, en librerías cristianas y en otras iglesias, y en todos estos sitios hay muchos dibujos y pinturas de Cristo. A veces, Sonja y los niños me acompañan a estos lugares, y así fue como comenzamos una especie de juego entre nosotros. Cada vez que veíamos un retrato de Jesús en alguna parte, le preguntábamos a Colton: «¿Y qué tal ese? ¿Así luce Jesús?»

Invariablemente, Colton miraba el retrato por un momento y negaba con la cabeza.

—No, no tiene el cabello así —decía. O, «la ropa no está bien».

Esto sucedió cantidad de veces durante los tres años siguientes. Ya fuera un letrero en un salón de clases de la escuela dominical, una representación de Cristo en la cubierta de un libro o la reproducción de una antigua obra maestra colgada en las paredes de la casa de algún conocido, la reacción de Colton era siempre la misma. Aunque era muy pequeño como para poder expresar exactamente lo que estaba mal en las imágenes, sabía muy bien que no eran correctas.

Una noche de octubre, estaba sentado a la mesa de la cocina mientras preparaba un sermón. Sonja estaba en la sala trabajando con los libros de la empresa familiar, procesando órdenes de trabajo y organizando las cuentas por pagar. A sus pies, Cassie jugaba con sus muñecas Barbie. Oí las pisadas de Colton por el corredor y lo vi rodear el sofá para luego sentarse en él, justo frente a Sonja.

—Mami, tengo dos hermanas —le dijo Colton.

Apoyé el bolígrafo en la mesa. Sonja, en cambio, siguió con su trabajo.

Colton repitió:

—Mami, tengo dos hermanas.

Sonja levantó la vista de sus papeles y negó suavemente con la cabeza.

—No, tienes una hermana, Cassie, y... ¿te refieres a tu prima Traci?

—No —Colton enfatizó la palabra con firmeza—. Tengo dos *hermanas*. En tu barriga murió un bebé, ¿no?.

En ese momento, el tiempo se detuvo en el hogar Burpo. Sonja abrió los ojos desmesuradamente. Apenas unos segundos antes, Colton había intentado fallidamente que su madre lo escuchara. Ahora, desde la mesa de la cocina, me daba cuenta de que nuestro hijo había acaparado toda su atención.

—¿Quién te contó que murió un bebé en mi barriga? —le preguntó Sonja en tono serio.

—Ella me lo dijo. Me dijo que había muerto en tu barriga.

Acto seguido, Colton se dio la vuelta y salió corriendo. Había dicho lo que tenía para decir y ya estaba listo para continuar con sus actividades. Pero para Sonja, la bomba que Colton acababa de soltar era apenas el comienzo. Antes de que nuestro hijo terminara de rodear el sofá, la voz de Sonja resonó como una sirena de alerta.

Colton Todd Burpo, ¡regresa aquí inmediatamente!

Colton se volvió y sus ojos se encontraron con los míos. La expresión en su rostro era elocuente.

¿Qué hice ahora?

Podía imaginar lo que mi esposa sentía en ese momento. Perder ese bebé había sido el suceso más doloroso de su vida. Cassie ya era grande, de manera que se lo habíamos explicado a ella, pero no le habíamos dicho nada a Colton ya que considerábamos que el tema estaba más allá de la comprensión de un niño de cuatro años. Desde la mesa de la cocina, observaba las emociones que cruzaban el rostro de Sonja.

Un poco nervioso, Colton rodeó el sofá lentamente una vez más y volvió a pararse frente a su madre. Estaba un poco más receloso.

—Está bien, mami —le dijo—. Ella se encuentra bien. Dios la adoptó.

Sonja se dejó caer del sofá y se arrodilló frente a Colton de manera que sus ojos quedaran a la misma altura.

—¿Quieres decir que Jesús la adoptó?

—No, mami. ¡Su papá lo hizo!

Sonja se dio la vuelta y me miró. En ese momento —me diría más tarde—, intentaba mantener la calma, pero se sentía abrumada.

Nuestro bebé era ¡es! *una niña,* pensó.

Sonja puso toda su atención en Colton; desde la cocina, podía oír en su voz su esfuerzo por no quebrarse.

—¿Cómo es ella?

—Es muy parecida a Cassie —dijo Colton—. Es un poco más pequeña y tiene cabello oscuro.

El cabello oscuro de Sonja.

Desde la cocina, vi cómo una mezcla de alegría y tristeza recorría las facciones de mi esposa. Cassie y Colton heredaron mi cabello rubio, y Sonja había llegado a bromear al respecto: «Llevo a estos niños en mi vientre por *nueve meses,* ¡y ambos acaban pareciéndose a su padre!» Ahora había un niño que se parecía a ella; una hija. En ese momento, vi el primer indicio de humedad en los ojos de mi esposa.

Colton continuó.

—En el cielo, esta niñita vino corriendo hacia mí y no dejaba de abrazarme —dijo en un tono que indicaba claramente que no le encantaba recibir tantos abrazos de una *niña.*

—Tal vez estaba contenta de que hubiera alguien de la familia allí —sugirió Sonja—. A las chicas nos gustan los abrazos. Cuando estamos contentas, damos abrazos.

Colton no parecía del todo convencido con esa explicación.

Los ojos de Sonja se iluminaron y preguntó:

—¿Cómo se llama? ¿Cuál es su nombre?

Colton pareció olvidarse de los repugnantes abrazos de la niña por un momento.

—No tiene nombre. Ustedes no le pusieron un nombre.

¿Cómo sabía eso?

—Tienes razón —dijo Sonja—. Ni siquiera sabíamos que era una niña.

Luego, Colton dijo algo que todavía me resuena en los oídos.

—Sí, dijo que está ansiosa porque tú y papi vayan al cielo.

Desde la mesa de la cocina, podía ver que Sonja hacía un esfuerzo por mantener la compostura. Finalmente, besó a Colton y le dijo que fuera a jugar. Cuando nuestro hijo desapareció de la sala, las lágrimas rodaron por sus mejillas.

—Nuestra hijita está bien —dijo en un susurro—. Nuestra hijita está bien.

A partir de ese momento, la herida de uno de los episodios más dolorosos de nuestras vidas: la pérdida de un hijo que deseábamos mucho, comenzó a sanar. Para mí, perder ese bebé había sido un golpe terrible, pero Sonja me contó que para ella, la pérdida no sólo había sembrado pesar en su corazón, sino que también lo sentía como un fracaso personal.

—Haces todas las cosas correctas, comes los alimentos adecuados y oras por la salud del bebé, y aún así el bebito muere dentro de ti —me había dicho una vez—. Me siento culpable. Mi mente sabe que no fue mi culpa, pero aún así me siento culpable.

Queríamos creer que nuestro bebé sin nacer había ido al cielo. Si bien la Biblia no es muy explícita en este sentido, era algo que aceptábamos sobre la base de la fe. Pero ahora teníamos un testigo: una hija que no conocíamos nos esperaba ansiosamente en el cielo. A partir de ese momento, Sonja y yo comenzamos a bromear sobre cuál de los dos se iría antes. Siempre hubo varias razones por las que ella quería vivir más que yo. Por un lado, la esposa de un pastor debe soportar que la utilicen repetidamente como ejemplo en los sermones. Sonja siempre me decía que, si yo moría primero, ella tendría la oportunidad de contarle a la congregación todas *sus* anécdotas sobre *mí*.

Pero ahora Sonja tenía una razón para querer ser la primera en llegar al cielo. Cuando estaba embarazada del bebé que perdimos, habíamos elegido un nombre de varón —Colton— pero no llegamos a ponernos de acuerdo en un nombre para una niña. A mí me gustaba Kelsey; a ella, Caitlin, y ninguno de los dos quería ceder.

Pero ahora que sabemos que nuestra pequeña sigue sin tener nombre, nos decimos todo el tiempo: «Voy a llegar al cielo primero que tú, ¡y le voy a poner el nombre que yo quiera!»

DIECIOCHO

LA SALA DEL TRONO DE DIOS

Una noche, cerca de la Navidad de 2003, seguí a Colton hasta su habitación a la hora de dormir. De acuerdo con nuestra rutina habitual, Colton eligió una historia de la Biblia para que le leyera. Esa noche, la historia elegida fue *El rey sabio y el bebé*. Este cuento está basado en una historia del primer libro de Reyes en la que dos mujeres viven juntas y cada una tiene un bebé. Durante la noche, uno de los bebés muere. Transida de dolor, la madre del niño muerto intenta reclamar al otro bebé como propio. La verdadera madre del niño vivo intenta convencer a la otra mujer de la verdad, pero no puede persuadirla de que le entregue el bebé sobreviviente. Desesperada por recuperar a su hijo, la madre del niño vivo sugiere que el rey Salomón, conocido por su sabiduría, sea quien resuelva la cuestión y determine quién es la verdadera madre del bebé con vida. En la historia bíblica, al rey Salomón se le ocurre una forma de averiguar qué hay en el corazón de cada una de las mujeres.

«¡Que se parta al niño por la mitad!», ordena el rey. «Luego, denle una mitad a una y la otra mitad a la otra».

La madre doliente acepta esa solución, pero la verdadera madre revela el amor por su hijo al gritar: «¡No!, ¡que ella se quede con el niño!» De esa manera, el rey sabio pudo determinar cuál de las dos madres decía la verdad y de ahí la frase «solución salomónica».

Llegué al final de la historia, y Colton y yo tuvimos nuestra afable discusión habitual sobre leerla una vez más (y otra, y otra). Esta vez, salí victorioso. Cuando nos arrodillamos en el piso para orar, apoyé el libro al costado, sobre la alfombra, y quedó abierto en una ilustración que mostraba al rey Salomón sentado en su trono. En ese momento, me percaté de que la Biblia menciona en varias partes el trono de Dios. Por ejemplo, el autor del libro de Hebreos exhorta a los creyentes a acercarse «confiadamente al trono de la gracia»[1] y dice que cuando Jesús terminó su trabajo en la Tierra se sentó «a la derecha del trono de Dios».[2] También está ese glorioso capítulo del libro del Apocalipsis que describe el trono de Dios:

Vi además la ciudad santa, la nueva Jerusalén, que bajaba del cielo, procedente de Dios, preparada como una novia hermosamente vestida para su prometido. Oí una potente voz que provenía del trono y decía: «¡Aquí, entre los seres humanos, está la morada de Dios! Él acampará en medio de ellos, y ellos serán su pueblo; Dios mismo estará con ellos y será su Dios. Él les enjugará toda lágrima de los ojos. Ya no habrá muerte,

ni llanto, ni lamento ni dolor, porque las primeras cosas han
dejado de existir.»

El que estaba sentado en el trono dijo: «¡Yo hago nuevas
todas las cosas!»…

No vi ningún templo en la ciudad, porque el Señor Dios
Todopoderoso y el Cordero son su templo. La ciudad no necesita ni sol ni luna que la alumbren, porque la gloria de Dios la
ilumina, y el Cordero es su lumbrera.[3]

—Oye, Colton —le dije, aún arrodillado a su lado—, cuando
estuviste en el cielo, ¿viste el trono de Dios?

Colton me miró inquisitivamente.

—¿Qué es un trono, papi?

Recogí el libro de historias de la Biblia y señalé la ilustración
del rey Salomón sentado en su corte.

—Un trono es como la silla de un rey… es la silla en la que
sólo el rey puede sentarse.

—¡Ah, sí! ¡Lo vi varias veces!

Se me aceleró el corazón. ¿Realmente estaba a punto de
echar un vistazo en la sala del trono celestial?

—Entonces, ¿cómo es el trono de Dios?

—Es grande, papá… *muy, muy* grande, porque Dios es lo más
grande que existe. Él nos ama mucho, muchísimo, papi. ¡No
podrías creer *cuáaaaanto* nos ama!

Cuando dijo esto, me llamó la atención un contraste en sus
palabras. Colton, un niño, habló primero sobre un ser muy grande, y al instante estaba hablando de amor. Por un lado, era claro
que el tamaño de Dios no lo había asustado; por otra parte, me

resultaba interesante que Colton estaba igual de ansioso por contarme cómo *lucía* Dios que por decirme cómo se *sentía* Dios.

—¿Y sabías que Jesús se sienta junto a Dios? —continuó Colton, acelerado—. ¡La silla de Jesús está junto a la de su papá!

Eso sí que me dejó pasmado. No hay forma de que un niño de cuatro años sepa eso. Ese fue otro de esos momentos en los que pensé: *tiene que haberlo visto.*

Estaba bastante seguro de que Colton nunca había oído hablar del libro de Hebreos, pero había una forma de confirmarlo.

—¿De qué lado del trono de Dios estaba sentado Jesús? —le pregunté.

Colton se trepó a la cama y se puso frente a mí, de rodillas.

—Bueno, hagamos de cuenta que tú estás en el trono de Dios. Jesús estaba sentado allí —dijo, señalando a mi derecha.

Me cruzó por la cabeza el pasaje de Hebreos: «Fijemos la mirada en Jesús, el iniciador y perfeccionador de nuestra fe, quien por el gozo que le esperaba, soportó la cruz, menospreciando la vergüenza que ella significaba, y ahora está sentado a la derecha del trono de Dios».[4]

¡Asombroso! Esto era algo fuera de lo común. Había puesto a prueba los recuerdos de Colton contra el texto de la Biblia, y había pasado la prueba sin siquiera pestañear. Tenía una pregunta más para hacerle, una pregunta para la que aún no tenía respuesta, al menos no una respuesta de la Biblia.

—¿Quién se sienta del otro lado del trono de Dios?

—Ah, es obvio, papá. Allí está el arcángel Gabriel y él es muy agradable.

Gabriel. Eso tiene sentido, pensé mientras recordaba la historia de Juan el Bautista y el momento en que Gabriel llegó para dar la noticia de su próximo nacimiento.

El ángel le dijo: No tengas miedo, Zacarías, pues ha sido escuchada tu oración. Tu esposa Elisabet te dará un hijo, y le pondrás por nombre Juan. Tendrás gozo y alegría, y muchos se regocijarán por su nacimiento, porque él será un gran hombre delante del Señor…

¿Cómo podré estar seguro de esto? —preguntó Zacarías al ángel—. Ya soy anciano y mi esposa también es de edad avanzada.

Yo soy Gabriel y estoy a las órdenes de Dios —le contestó el ángel—. He sido enviado para hablar contigo y darte estas buenas noticias.[5]

—Estoy a las órdenes de Dios —le dijo Gabriel a Zacarías.

Ahora, más de dos mil años después, mi hijo me cuenta esa misma historia.

De modo que pude echar un vistazo en la sala del trono del Dios, pero la descripción de Colton me había dejado con una duda: si Dios Padre estaba sentado en su trono con Jesús a su derecha y Gabriel a su izquierda, ¿dónde estaba Colton?

Colton ya se había metido debajo de las sábanas. Su cabecita rubia estaba apoyada sobre la almohada con funda del Hombre Araña.

—Y tú, ¿dónde te sentaste? —le pregunté.

—Trajeron una sillita para mí —dijo con una sonrisa—. Me senté junto a Dios, el Espíritu Santo. ¿Sabías que Dios es tres personas, papá?

Otra vez, el pensamiento:

Sí, pero, ¿cómo lo sabes tú?

En voz alta, respondí:

—Sí, creo que lo sabía —dije sonriendo.

Colton volvió a tomar las riendas de la conversación y salimos al galope:

—Me senté junto a Dios, el Espíritu Santo, para orar por ti. Como necesitas al Espíritu Santo, oré por ti.

Sus palabras me dejaron sin aliento. Que Colton dijera que oró por mí en el cielo me hizo recordar la carta a los Hebreos, donde el autor dice: «Por tanto, también nosotros, que estamos rodeados de una multitud tan grande de testigos … corramos con perseverancia la carrera que tenemos por delante».[6]

—¿Cómo luce Dios? —pregunté—. ¿Dios, el Espíritu Santo?

Colton frunció el ceño.

—Mmm, esa es una pregunta difícil… es medio azul.

Mientras intentaba imaginarlo, Colton volvió a cambiar el curso de la conversación.

—¿Sabes? Allí fue donde conocí a Pop.

—¿Conociste a Pop cuando estabas sentado junto al Espíritu Santo?

Asintió vigorosamente con la cabeza. Sonreía como si estuviera ante la presencia de un recuerdo agradable.

—Sí, Pop vino hacia mí y me preguntó, ¿es Todd tu papá? Yo le dije que sí, y me dijo: Él es mi nieto.

En numerosas ocasiones, al presidir funerales, escuché a los dolientes decir las típicas y bienintencionadas frases: «Pues, ahora está en un lugar mejor», «sabemos que nos está mirando desde arriba con una sonrisa», o «volveremos a encontrarlo». Por supuesto, siempre creí esas cosas en teoría pero, para ser honesto, no podía imaginarlas. Ahora, con lo que Colton había dicho sobre Pop y sobre su hermana, comencé a cambiar mi forma de pensar en el cielo. Ya no era para mí sólo un lugar con puertas ornadas con joyas, ríos brillantes y calles de oro, sino un reino de alegría y fraternidad, un refugio de amor perdurable tanto para quienes están con nosotros en la eternidad como para quienes siguen en la Tierra, cuya llegada se espera con ansias. Un lugar que recorreré algún día y donde hablaré con mi abuelo, que tanto significó para mí, y con la hija que no pude conocer.

Quería creer, con todo el corazón. En ese momento, los detalles de nuestras conversaciones comenzaron a acumularse en mi mente como una pila de instantáneas, imágenes del cielo que parecían asombrosamente precisas en comparación con las descripciones que todos podemos leer en la Biblia; todos los que sabemos *leer,* quiero decir. Pero estos detalles son crípticos para la mayoría de los adultos, y más aún para un niño de la edad de Colton. La naturaleza de la Trinidad, el papel del Espíritu Santo, Jesús sentado a la derecha de Dios.

Yo creía, pero, ¿cómo podía estar seguro?

Cubrí el pecho de Colton con su manta y la ceñí tal como a él le gustaba y, por primera vez desde que había comenzado a hablar del cielo, intencionalmente le tendí una trampa.

—Recuerdo que dijiste que te quedaste con Pop —dije—. Entonces, cuando oscureció y fuiste a la casa de Pop, ¿qué hicieron?

Colton se puso serio y me regañó.

—¡No oscurece en el cielo, papá! ¿Quién te dijo *eso*?

Sin ceder en mi postura, pregunté:

—¿Qué quieres decir con que no oscurece?

—Dios y Jesús iluminan el cielo. Nunca oscurece. Siempre está claro.

Fui víctima de mi propia broma. No sólo no cayó con el truco de «cuando oscurece en el cielo», sino que pudo decirme por qué no oscurece allí: «La ciudad no necesita ni sol ni luna que la alumbren, porque la gloria de Dios la ilumina, y el Cordero es su lumbrera».[7]

DIECINUEVE

JESÚS AMA MUCHÍSIMO A LOS NIÑOS

Durante algunos meses entre finales del 2003 y comienzos del 2004, hubo una serie de cosas sobre las que Colton parecía tener una fijación. Hablaba mucho sobre la muerte y sobre morir, algo extraño —*muy* extraño— para un niño de su edad. También hablaba bastante sobre cómo es el cielo. Nos daba estos detalles con cuentagotas durante la cena, cuando nos acompañaba a Sonja y a mí a hacer algún recado y en cualquier momento del devenir normal de la vida.

Dijo que había visto las puertas del cielo. «Están hechas de oro y tienen perlas». La ciudad celestial propiamente dicha estaba hecha de algo brillante «como oro o plata». Las flores y los árboles del cielo eran «hermosos» y había toda clase de animales.

Sin embargo, más allá de las nuevas revelaciones que hiciera, Colton tenía un tema recurrente: hablaba todo el tiempo sobre cuánto ama Jesús a los niños. Y lo digo en serio: *todo el tiempo.*

Se levantaba en la mañana y me decía: «Oye, papá, Jesús me dijo que te dijera que ama muchísimo a los niños».

En la noche, durante la cena: «Recuerda, Jesús ama muchísimo a los niños».

Antes de ir a la cama, cuando lo ayudaba a lavarse los dientes: «Oye, papi —decía, las palabras deformadas por la espuma de la pasta de dientes—, no lo olvides, ¡Jesús dijo que ama mucho, *muchísimo*, a los niños!»

Con Sonja hacía lo mismo. Para ese entonces, ella había vuelto a trabajar a tiempo parcial, y los días que se quedaba en casa Colton se lo pasaba hablando del amor de Jesús por los niños. Llegó a tal punto que, no importaba qué historia de la Biblia le leyéramos a nuestro pequeño evangelista —si era del Antiguo Testamento, del Nuevo Testamento, si era sobre Moisés, Noé o el rey Salomón—, siempre cerraba la velada con el mismo mensaje: «¡Jesús ama a los niños!»

Llegué al punto en que finalmente tuve que decirle:

«Lo entendemos, hijo. Puedes dejar de repetirlo. Cuando vaya al cielo, quedarás exonerado. Le diré a Jesús que hiciste tu trabajo».

Puede que nos hayamos cansado del mensaje incesante de Colton sobre el amor de Jesús por los niños, pero ciertamente transformó el enfoque que le dábamos al ministerio infantil en nuestra iglesia. Sonja siempre había dividido su tiempo entre cantar en el grupo de adoración durante los servicios matinales de los domingos y enseñar a los niños en la escuela dominical. Si bien mi esposa conocía muy bien las estadísticas que demuestran que la mayoría de las personas que profesan su fe en Cristo lo hacen a corta edad, fue la apasionada insistencia de Colton en el amor de Cristo por los niños lo que le dio a Sonja energías renovadas para nuestro ministerio infantil.

Yo también me volví más audaz a la hora de pedirles a los miembros de nuestra iglesia que se pusieran al servicio de esa actividad. Siempre había tenido que luchar para convencer a las personas de que se anotaran para dar clases en la escuela dominical. Por lo general, me dejaban fuera de combate con respuestas como «lo hice el año pasado», o «ya estoy viejo para eso».

Ahora, cuando me daban esas excusas, les recordaba de manera amorosa que Jesús claramente veía a los niños como algo precioso y que, si amábamos tanto a los niños como para decir que los adultos debíamos ser más como ellos, entonces debíamos dedicar más tiempo a darles nuestro amor.

En esa época, Colton también se había obsesionado con los arco iris. Todo lo que decía sobre los magníficos colores que había en el cielo nos hizo acordar a Sonja y a mí del libro del Apocalipsis, donde el apóstol Juan escribió específicamente sobre el arco iris que rodea el trono de Dios,[1] y donde describe al cielo como una brillante ciudad hecha de oro:

> La muralla estaba hecha de jaspe, y la ciudad era de oro puro, semejante a cristal pulido. Los cimientos de la muralla de la ciudad estaban decorados con toda clase de piedras preciosas:

el primero con jaspe, el segundo con zafiro, el tercero con ágata, el cuarto con esmeralda, el quinto con ónice, el sexto con cornalina, el séptimo con crisólito, el octavo con berilo, el noveno con topacio, el décimo con crisoprasa, el undécimo con jacinto y el duodécimo con amatista.[2]

Algunas de estas piedras preciosas son de colores que nos resultan familiares: el púrpura saturado de la amatista, el verde intenso de la esmeralda, el dorado traslúcido del topacio, el negro impenetrable del ónice. Otras son menos comunes: el crisólito es de un verde entre claro y oliva; el jacinto es de un rojo traslúcido, y el berilo puede ser de distintos colores, desde rosa claro hasta verde oscuro o aguamarina.

Con todas esas gemas desconocidas, la descripción de Juan nos resulta tan exótica que tenemos que buscar los minerales en un diccionario para saber a qué colores se refiere. Los teólogos adultos quieren ser precisos, pero si un niño viera todos esos colores, podría resumirlos en una sola palabra: arco iris.

De manera que, cuando en la primavera de 2004 apareció sobre Imperial el arco iris más brillante que jamás hubiéramos visto, llamamos a Colton para que viniera afuera a echarle un vistazo.

Sonja fue quien lo descubrió. En esa época, estaba embarazada de unas pocas semanas del bebé al que definitivamente considerábamos nuestro *cuarto* hijo. Era un día cálido y soleado, y Sonja había ido a abrir la puerta principal para ventilar la casa.

—¡Familia! ¡Vengan a ver esto! —dijo.

Yo estaba en la cocina. Crucé la sala, llegué a la puerta y quedé asombrado al ver un arco iris tan brillante, tan vívido, que parecía como si un artista hubiera pintado el arco iris perfecto. También podía ser una ilustración de la clase de ciencias hecha por un niño con una caja nueva de crayones: rojo, anaranjado, amarillo, verde, azul, índigo y púrpura. Todos los colores estaban claramente separados, y el arco iris centelleaba sobre el cielo azul.

—¿Llovió y no me enteré? —le pregunté a Sonja.

—No creo —dijo ella, entre risas.

Colton estaba en la sala de juegos, al final del corredor.

—Oye Colton —grité—. ¡Ven a ver esto!

Salió de la habitación y se unió a nosotros en el porche delantero.

—Mira el arco iris, Colton —dijo Sonja—. Sin duda que debe haber una olla llena de oro donde termina.

Colton entornó los ojos para admirar los colores que cruzaban el cielo.

—Genial —dijo con una sonrisita indiferente—. Lo pedí ayer en mis oraciones.

Acto seguido, se dio la vuelta y regresó a sus juegos.

Sonja y yo nos miramos.

¿Qué fue eso?

Luego hablamos una vez más sobre las plegarias infantiles que son pura fe. Hasta un pastor y su esposa pueden llegar a olvidar que cuando Jesús dijo: «Pidan, y se les dará», puso esa instrucción en el contexto de un niño que le pide una bendición a su padre. «¿Quién de ustedes, si su hijo le pide pan, le da una

piedra?», preguntó Jesús a las multitudes que se habían reunido para escuchar sus enseñanzas en las colinas bajas de Galilea.
«¿O si le pide un pescado, le da una serpiente? Pues si ustedes,
aun siendo malos, saben dar cosas buenas a sus hijos, ¡cuánto
más su Padre que está en el cielo dará cosas buenas a los que le
pidan!».[3]

Colton Burpo llevaba un tiempo sin ver un arco iris, por lo
que le pidió uno a su Padre celestial.

La fe de un niño.

Eso nos hizo pensar a Sonja y a mí que, quizá, teníamos
mucho que aprender de nuestro hijo.

VEINTE

MORIR Y VIVIR

En la primavera del 2004 se cumplió un año de la estancia de Colton en el hospital. Ese año, el Viernes Santo caía en abril, y un mes más tarde Colton cumpliría cinco años. Siempre me gustaba el viernes anterior a la Pascua porque ese día hago lo que llamé la «Comunión familiar al paso». Todos los años, paso algunas horas en la iglesia el Viernes Santo, y las familias pueden venir en cualquier momento a tomar la Comunión. Esto me gusta por un par de razones. Por un lado, le da a las familias de nuestra iglesia la oportunidad de pasar un momento especial juntos durante la Semana Santa, y por el otro me da la posibilidad de preguntarles a las familias cuáles son sus necesidades de oración y de orar con ellos en el momento. Como pastor, no tienes muchas oportunidades de hacer algo como esto.

Esa mañana, necesitaba hacer algunos recados, por lo que subí a Cassie y a Colton a mi camioneta Chevy roja y recorrí las pocas calles que nos separaban del pueblo. Colton, aún en edad de necesitar un asiento de seguridad elevado, se sentó junto a mí, y Cassie se sentó junto a la ventana. Mientras conducíamos por Broadway, la calle principal del pueblo, repasaba mentalmente mis responsabilidades para ese día y pensaba en el servicio de Comunión familiar. En ese momento me di cuenta de que, al ser una festividad religiosa, tenía un público cautivo.

—Oye, Colton, hoy es Viernes Santo —dije—. ¿Sabes qué es Viernes Santo?

Cassie comenzó a brincar en su asiento y a sacudir la mano en el aire como una estudiante ansiosa.

—¡Yo sé!, ¡yo sé!

—No sé —dijo Colton.

Miré a Cassie:

—De acuerdo, ¿qué es el Viernes Santo?

—¡Es el día que Jesús murió en la cruz!

—Sí, así es, Cassie. ¿Y sabes por qué murió en la cruz Jesús?

Al escuchar esta pregunta, dejó de brincar y se puso a pensar. Al ver que no se le ocurría nada, dije:

—Colton, ¿sabes por qué murió en la cruz Jesús?

Asintió con la cabeza, cosa que me sorprendió un poco.

—¿Por qué? —pregunté.

—Pues, Jesús me dijo que murió en la cruz para que nosotros pudiéramos ir a ver a su papá.

Mentalmente, vi a Colton sentado en el regazo de Jesús, mientras éste dejaba de lado todos los niveles de formación del seminario, derribaba pilas del tamaño de rascacielos de tratados teológicos y simplificaba palabras complicadas como *propiciación* y *soteriología* para que un niño pudiera comprenderlas: «Tuve

que morir en la cruz para que las personas en la Tierra pudieran
venir a ver a mi papá».

La respuesta que Colton dio a mi pregunta fue la proclamación del Evangelio más simple y dulce que jamás hubiera oído.
Esto me hizo pensar una vez más en la diferencia entre la fe de
un niño y la de un adulto.

Mientras conducía por Broadway, llegué a la conclusión de
que me gustaba más la fe de Colton.

Conduje en silencio por unos minutos. Luego, lo miré y le
sonreí.

—Oye, ¿quieres predicar el domingo?

Más tarde ese mismo mes, Colton volvió a sorprenderme. Esta
vez, con una cuestión de vida o muerte.

Sonja y yo tenemos una teoría. Desde que los niños comien-
zan a caminar hasta alrededor del primer año de primaria, una
de las principales tareas de los padres es mantener con vida a sus
hijos: no permitir tenedores en las tomas eléctricas, secadores de
cabello en la bañera o latas de refresco en el horno de microondas. Habíamos hecho un buen trabajo con Cassie. Nuestra hija
ya tenía siete años y prácticamente había dejado de ser un peligro para ella misma y para los demás. Sin embargo, el caso de
Colton, a la sazón de cinco años, era otra historia.

Si bien era muy inteligente en muchos aspectos, al parecer
había una cosa que no lograba comprender del todo: cuando

un cuerpo humano se cruza con un automóvil en movimiento, suceden cosas malas.

Si bien ya estaba casi listo para asistir al jardín infantil, seguía siendo un niño compacto, una forma amable de decir que había salido a su papá y que era bajito para su edad. Además, era una bola de energía que salía disparada al automóvil en el minuto que poníamos un pie afuera de las tiendas. Nos aterrorizaba la idea de que otros conductores no lo vieran y lo atropellaran. Parecía que, al menos una o dos veces a la semana, debíamos subirlo de un tirón a la acera o gritar: «¡DETENTE, COLTON!», para luego alcanzarlo y regañarlo: «¡*Tienes* que esperarnos! ¡*Debes* ir de la mano de mamá o papá!»

A finales de abril, Colton y yo pasamos por *The Sweden Creme* (hoy llamado JJ's) para tomar una merienda. The *Sweden Creme* es el típico restaurante familiar que encuentras en los pueblos pequeños como alternativa a las cadenas de comidas rápidas que nos ignoran por ser demasiado pequeños. En él puedes ordenar desde tu automóvil. Todos los pueblitos de Nebraska tienen un sitio de estos: McCook tiene *Mac's*, Benkelman tiene *Dub's*. En Holyoke, un pueblucho justo del otro lado del límite estatal de Colorado, está *Dairy King*. En todos estos sitios la comida es la misma: hamburguesas, bastoncitos de pollo y helado.

Ese día, compré dos conos de helado de vainilla, uno para Colton y otro para mí. Como era de esperar, apenas cruzamos la puerta Colton tomó su helado y salió disparado hacia el estacionamiento, que se encuentra a unos pocos metros de Broadway.

Con el corazón en la garganta, grité: «¡COLTON, DETEN-TE!»

Se detuvo donde estaba y corrí hacia él; estoy seguro de que llegué con la lengua afuera.

—Hijo, *¡no puedes hacer eso!* —le dije—. ¿Cuántas veces tendremos que decírtelo?

En ese preciso momento, vi una pequeña bola de pelo en el medio de Broadway. Me pareció un excelente momento para dar una lección, de modo que tomé el helado con una mano y, con la otra, señalé la calle.

—¿Ves eso? —le pregunté.

Colton lamió su helado y siguió mi dedo con la mirada.

—Es un conejo que intentó cruzar la calle pero no lo logró —dije—. ¡Eso es lo que te puede pasar a ti si sales corriendo y el conductor de un automóvil no te ve! No sólo pueden lastimarte, ¡puedes morir!

Colton levantó la vista hacia mí y me sonrió por encima de su helado.

—¡Qué bien! —me contestó entusiasmado—. ¡Eso significa que podré regresar al cielo!

Dejé caer la cabeza y la moví de un lado al otro, exasperado. ¿Cómo haces entrar en razón a un niño que no le teme a la muerte?

Finalmente, me apoyé sobre una rodilla y lo miré.

—No entiendes lo que quiero decirte —dije—. La próxima vez, yo iré al cielo primero. Yo soy el padre, tú eres el hijo. ¡Los padres van al cielo primero!

VEINTIUNO

LA PRIMERA PERSONA QUE VERÁS

La mayor parte de ese verano trascurrió sin nuevas revelaciones de parte de Colton, si bien estoy seguro de que jugamos a «¿Cómo luce Jesús?» durante las vacaciones y que Colton descartó todas las imágenes que vimos. Ya habíamos llegado al punto en el que, en lugar de preguntarle «¿está bien esta?», Sonja y yo le preguntábamos directamente: «¿Qué está mal aquí?»

Llegó agosto, y con él, el momento anual de fama de Imperial: la feria del condado de Chase. Después de la feria estatal, la nuestra es la feria regional más grande de Nebraska occidental. De hecho, es *el* suceso del año para Imperial y los pueblos aledaños. A finales de agosto, durante toda una semana, Imperial pasa de una población de 2,000 a una de alrededor de 15,000 habitantes. Las tiendas cambian sus horarios (o cierran) y hasta los bancos cierran al mediodía para que toda la comunidad pueda asistir a los conciertos (de *rock* el viernes y de música *country* el sábado), visitar los puestos y disfrutar de los juegos mecánicos y las luces del enorme parque de atracciones que se monta durante la feria.

Año tras año, esperamos ansiosos los sonidos, las imágenes y los aromas de la feria: rosetas de maíz, barbacoa y «tacos indios» (los típicos rellenos de tacos servidos sobre pan ácimo), música *country* de fondo y la rueda de la fortuna que domina el panorama y puede verse desde cualquier punto del pueblo.

La del condado de Chase es una típica feria del centro del país, con la elección del mejor toro, el mejor caballo, el mejor cerdo y esa clase de cosas a cargo de un jurado del 4-H (una organización juvenil patrocinada por el Departamento de Agricultura de Estados Unidos) y la delicia de los niños: «montar el cordero». En caso de que nunca hayas oído hablar de este juego, se coloca a un niño sobre un cordero y la idea es que monte al animal el mayor tiempo posible sin caerse. El concurso se divide en categorías por edad, de los cinco a los siete años, y el ganador de cada categoría se lleva un trofeo enorme. El trofeo del primer puesto es tan grande, que por lo general es más alto que el pequeño ganador.

La noche del jueves, nuestro amigo Bryan Dannatt, el esposo de Norma, está a cargo de una de las atracciones favoritas de la feria: la carrera de destrucción, en la que el objetivo de los corredores es chocar los automóviles de los adversarios. Todos los años, Bryan dirige este acontecimiento, mientras que Norma y Sonja, desde el público, llevan el puntaje.

Definitivamente, nuestra feria tiene el espíritu modesto de los pueblos chicos, cosa que un empresario de la limonada descubrió por el camino difícil. Un año, este caballero decidió vender más de esta deliciosa bebida mediante lo que podríamos llamar una estrategia de mercadotecnia al estilo Hooters. Tras una o dos noches, varias personas se quejaron de la ligereza de ropas del equipo femenino de ventas en su puesto, y finalmente algunos ciudadanos preocupados tuvieron que ir a hablar con él y decirle que las jóvenes que vendían limonada tenían que ponerse más ropa. De cualquier modo, parece que las primeras noches se formó una larga fila frente a su puesto.

En agosto de 2004, Sonja y yo pusimos un puesto en el sector principal de la feria para despertar el interés de los visitantes de otros pueblos en nuestra compañía de portones para garaje. Como siempre, tenía que dividir mi tiempo entre esa empresa y la de cuidar de nuestra congregación. Una cálida tarde durante la semana de la feria, los cuatro —Sonja, los niños y yo— atendíamos nuestro puesto, repartíamos folletos y hablábamos con posibles clientes. Necesitaba hacer una pausa y conducir las pocas calles que me separaban de la residencia de ancianos Imperial Manor para visitar a un hombre llamado Harold Greer.

En esa época, la hija de Harold, Gloria Marshall, tocaba el teclado en el grupo de adoración de la iglesia, y su esposo, Daniel, era mi pastor asistente y el director del grupo de adoración. Harold había pasado la mayor parte de su vida como ministro, pero había cruzado la barrera de los ochenta y se encontraba al borde de la muerte. Sabía que le quedaban unas pocas horas de vida y quería visitarlo para orar con él una vez más y para acompañar a Gloria y Daniel en ese trance.

Cuando eres un pastor, bombero voluntario, entrenador de lucha grecorromana y empresario que debe hacer malabares para cumplir con todas las respectivas obligaciones, no tardas mucho en aprender que los niños son portátiles. Sonja, por su parte, tenía sus obligaciones como esposa del pastor —lo que cuenta como un empleo a tiempo completo—, a las que se sumaban las de madre, maestra, voluntaria de la biblioteca y tenedora de libros de la empresa familiar. Con el correr de los años, habíamos desarrollado el hábito de llevarnos a uno de los niños con nosotros cuando no íbamos formalmente *al trabajo*. De manera que esa tarde dejé a Sonja, con su embarazo de siete meses, y a Cassie como encargadas del puesto en la feria, amarré a Colton a su asiento de seguridad en mi camioneta y nos dirigimos a la residencia de ancianos.

Colton miraba por la ventana mientras pasábamos junto a la rueda de la fortuna al salir de la feria.

—Iremos a la residencia de ancianos a ver a Harold, el papá de Gloria —le dije—. No se encuentra muy bien, y probablemente no le quede mucho tiempo de vida. Harold le dio su vida a Jesús hace ya mucho tiempo y ahora se está preparando para ir al cielo.

—De acuerdo, papi —dijo Colton sin quitar la vista de la ventana.

La residencia de ancianos es un amplio edificio de una planta que cuenta con un comedor enorme al que se llega desde el vestíbulo, en el que hay una gigantesca jaula para aves llena de pinzones que revolotean y pían e inundan el interior con los sonidos del exterior.

Cuando me asomé a la habitación de Harold, vi a Gloria y a Daniel junto a tres o cuatro miembros de la familia, incluidas otras dos hijas de Harold a las que conocí en persona en ese momento.

Daniel se puso en pie y extendió la mano. «Hola, pastor Todd», dijo, y yo tiré de la mano para transformar un apretón en un abrazo. Gloria dejó su asiento, y también la abracé. A su vez, la familia saludó a Colton, que sin soltarme la mano devolvió sendos holas en voz baja.

Me acerqué a la cama de Harold. Estaba recostado, muy quieto, y respiraba profundamente a intervalos espaciados. Había visto a muchos hombres y mujeres en esa etapa final de la vida. Cuando llegan a sus últimos momentos, alternan entre la conciencia y la inconsciencia y, aun despiertos, la lucidez es sólo intermitente.

Me dirigí a Gloria y le pregunté:

—¿Cómo está tu padre?

—Lo está intentando, pero no creo que le quede mucho tiempo —me respondió.

Su expresión era de valentía, pero noté que le temblaba un poco el mentón al hablar. En ese momento, Harold comenzó a gemir levemente y a retorcerse un poco debajo de la delgada sábana que lo cubría. Una de las hermanas de Gloria se puso de pie y caminó hasta la cama mientras susurraba palabras tranquilizadoras, para luego regresar a su asiento junto a la ventana.

Me acerqué a la cabecera de Harold. Colton me seguía como una sombra pequeñita. Harold, enjuto y calvo, estaba acostado boca arriba, con los ojos prácticamente cerrados y la boca entreabierta. Respiraba por la boca y parecía contener el aliento, como si quisiera absorber hasta la última molécula de oxígeno antes de exhalar. Bajé la vista y descubrí a Colton estudiando a Harold con una expresión de total tranquilidad y certeza en el rostro. Apoyé la mano en el hombro del viejo ministro, cerré los ojos y oré en voz alta. En mi plegaria le recordé a Dios el largo y fructífero servicio de Harold, les pedí a los ángeles que hicieran que su transición fuera rápida y suave, y a Dios que recibiera a su servidor con gran alegría. Cuando terminé mi oración, volví a reunirme con el resto de la familia. Colton comenzó a cruzar la habitación conmigo, pero luego se dio la vuelta y regresó junto a la cama de Harold.

Ante la vista de todos, le tomó la mano. Todos observábamos y escuchábamos con atención. Colton miró con seriedad el rostro de Harold y dijo:

—Todo va a estar bien. A la primera persona que verás será a Jesús.

Hablaba con total naturalidad, como si estuviera describiendo algo tan real y familiar como la estación de bomberos del pueblo. Daniel y Gloria intercambiaron miradas, y yo me sentí invadido por una oleada de superrealismo. A esa altura ya estaba acostumbrado a oír a Colton hablar sobre el cielo, pero ahora se había convertido en un mensajero, en el pequeño guía turístico de un viajero a punto de partir.

VEINTIDÓS

NADIE ES VIEJO EN EL CIELO

Cuando Pop murió en el 1975, heredé algunas de sus pertenencias. Orgullosamente, recibí el pequeño rifle calibre .22 que yo solía usar cuando salía con el abuelo a cazar conejos. También heredé su bola de jugar boliche y, algún tiempo después, un antiguo escritorio que el abuelo tenía desde que mi madre podía recordar. Con una tonalidad entre arce y cerezo, era un mueble interesante por dos razones. Primero, porque era un escritorio bastante pequeño para un hombre del tamaño de mi abuelo, y segundo, porque la parte que quedaba sobre la falda al acercar la silla era curva, y no recta como en la mayoría de los escritorios. Durante mi adolescencia, época en la que estaba deslumbrado por el taller de carpintería de la escuela, pasé muchas horas en el garaje de mis padres retocando el escritorio de Pop. Una vez que estuvo terminado, lo llevé a mi dormitorio, donde servía de recordatorio de un hombre verdaderamente noble.

Desde que comencé a utilizar el escritorio, tuve una fotografía de Pop en el cajón izquierdo, que sacaba de vez en cuando para rememorar viejos tiempos. Era la última fotografía que le habían tomado: tenía sesenta y un años, el cabello cano y anteojos. Cuando Sonja y yo nos casamos, el escritorio y la fotografía se mudaron a nuestro hogar con nosotros.

Cuando Colton comenzó a hablar sobre haber conocido a Pop en el cielo, me di cuenta de que había estado mencionando detalles físicos específicos sobre el aspecto de Jesús y que también había descrito a la hermana que no había nacido como «un poco más pequeña que Cassie, con cabello oscuro», pero cuando le preguntaba por el aspecto de Pop, mencionaba principalmente su ropa y el tamaño de sus alas. Si le preguntaba por sus facciones, sus referencias eran más bien vagas. Debo admitir que esto me fastidiaba un poco.

Un día, poco después de nuestra excursión a Benkelman, le pedí que bajara al sótano y saqué mi preciada fotografía de Pop del cajón del escritorio.

—Así es como recuerdo a Pop —le dije.

Colton tomó el marco con las dos manos y exploró la fotografía por más o menos un minuto. Esperaba ver en su rostro un gesto de reconocimiento, pero no. En cambio, frunció el ceño y negó con la cabeza.

—Papá, nadie es viejo en el cielo —me dijo—. Ni nadie usa anteojos.

Acto seguido, se dio la vuelta y marchó escaleras arriba.

Nadie es viejo en el cielo…

Su afirmación me dejó pensando. Poco tiempo después, llamé a mi madre en Ulysses.

—Oye mamá, ¿tienes fotografías de Pop cuando era joven?

—Seguro que sí —respondió— pero tendré que buscarlas. ¿Quieres que te las envíe por correo?

—No, no quisiera que se perdieran. Será mejor que saques una copia de alguna y me la envíes.

Pasaron varias semanas, hasta que un día abrí el buzón y encontré un sobre que me había enviado mi madre con una fotocopia de una vieja fotografía en blanco y negro. La había encontrado en una caja que guardaba en el armario de la habitación de huéspedes desde que Cassie era bebé; una caja que no había visto la luz del día desde unos dos años antes del nacimiento de Colton.

En la fotografía había cuatro personas, y mamá la había acompañado con una nota en la que explicaba quiénes eran. Estaba mi abuela Ellen, de unos veinte años en la foto y de unos ochenta en la actualidad. Todavía vive en Ulysses, y unos meses antes de esto le habíamos hecho una visita familiar. En la fotografía también estaban mi madre, en ese entonces un bebé de unos dieciocho meses; mi tío Bill, con seis años; y Pop, un hombre guapo de unos veintinueve años en la foto, tomada en 1943.

Por supuesto, nunca le dije a Colton que me causaba cierto fastidio que no pareciera reconocer a Pop en la foto que guardaba como recuerdo de mi abuelo. Tampoco le dije que le estaba preparando una trampa.

Esa noche, Sonja y yo estábamos sentados en la sala y le pedí a Colton que subiera. Tardó un momento en aparecer. Cuando lo hizo, saqué la fotocopia que había enviado mi madre.

—Oye, Colton, ven a echarle un vistazo a esto —dije, mientras le extendía el papel—. ¿Qué te parece?

Me quitó la fotografía de la mano, la observó y luego me miró con los ojos llenos de sorpresa.

—Guao —dijo contento—. ¿Dónde conseguiste esta fotografía de Pop?

Sonja y yo nos miramos atónitos.

—¿No reconoces a nadie más en la foto? —le pregunté.

Sacudió la cabeza lentamente.

—No…

Me incliné sobre la fotografía y señalé a mi abuela.

—¿Quién podrá ser esta?

—No sé.

—Es la abuela Ellen.

Los ojos de Colton adoptaron una expresión escéptica.

—No se *parece* a la abuela Ellen.

Miré a Sonja de reojo y ahogué una risita.

—Bueno, así lucía de joven.

—¿Puedo ir a jugar? —preguntó Colton al tiempo que me devolvía la fotografía.

Cuando se marchó, Sonja y yo nos quedamos conversando acerca de lo interesante que era que Colton reconociera a Pop en una fotografía —que nunca antes había visto— tomada más de medio siglo antes de que naciera y que no pudiera reconocer a su bisabuela, a quien había visto unos meses atrás.

Sin embargo, después de pensarlo un poco, el hecho de que el Pop con el que Colton dijo haber pasado tiempo no tuviera sesenta y un años sino una edad más juvenil, era al mismo tiempo una mala noticia y una buena. La mala noticia era que, en el cielo, conservaremos nuestro aspecto, y la buena, es que nos conservaremos en una versión joven.

VEINTITRÉS

PODER DE ARRIBA

Colby Lawrence Burpo llegó al mundo el 4 de octubre de 2004. Desde el primer minuto de vida, pareció una fotocopia de Colton, si bien —como a todos los niños— Dios lo hizo único. Si Cassie era la sensible y Colton el serio de nuestros hijos, Colby era nuestro payaso. Desde muy pequeño, sus payasadas aportaron una nueva dosis de risas a nuestro hogar.

Una noche de ese otoño, Sonja había acordado con Colton que le leería una historia de la Biblia.

Se sentó en el borde de la cama y le leyó la historia mientras nuestro hijo la escuchaba tapado por su manta y con la cabeza apoyada en la almohada. Cuando Sonja terminó de leer, llegó el momento de orar.

Una de las grandes bendiciones que recibimos en nuestra vida como padres es escuchar las oraciones de nuestros hijos. Cuando son pequeños, los niños oran sin la presuntuosidad que a veces aparece en nuestras plegarias de adultos; sin esa especie de «oraciones fijas», ese idioma que usamos más con la intención de agradar a cualquiera que pueda estar escuchando que a Dios. Parecía que cuando Colton y Cassie elevaban sus plegarias con su simpleza e intensidad características, Dios las respondía.

Desde su más tierna edad, desarrollamos la práctica de darles a los niños cosas específicas por las que orar, no sólo para construir su fe, sino también porque orar por los demás es una buena forma de abrir el corazón a las necesidades ajenas.

—Sabes que papi predica todas las semanas ¿verdad? —dijo Sonja, sentada en la cama junto a Colton—. Creo que deberíamos orar por él para que esta semana pueda tener mucho tiempo para dedicarle al estudio y así puede dar un buen mensaje en la iglesia el domingo a la mañana.

Colton miró a Sonja y dijo algo de lo más extraño:

—Vi rayos de poder sobre papi.

Sonja me contaría luego que se tomó un momento para darle vueltas a esas palabras en la cabeza. *¿Rayos de poder?*

—¿A qué te refieres?

—Jesús le dispara rayos de poder a papi cuando papi habla.

Sonja se volvió para poder mirar a Colton directamente a los ojos.

—Bien… ¿cuándo? ¿Cuándo papi habla en la iglesia?

Colton asintió con la cabeza.

—Sí, en la iglesia. Cuando cuenta historias de la Biblia.

Sonja no sabía qué responder a eso, situación a la que nos habíamos acostumbrado en el último año y medio de manera que oraron juntos y pidieron al cielo que papi diera un buen sermón el domingo.

Luego, Sonja cruzó el corredor y fue a la sala a contarme la conversación que acababa de tener.

—Pero, ¡ni se te ocurra despertarlo para preguntarle al respecto! —me advirtió.

De modo que tuve que esperar hasta la mañana, a la hora del desayuno.

—Hola, amiguito —dije, mientras le servía leche en el tazón donde acostumbra tomar sus cereales—. Mami me dijo que estuvieron hablando anoche después de la historia de la Biblia. ¿Me quieres contar un poco sobre lo que le decías a mami... sobre los rayos de poder que dispara Jesús. ¿Cómo es ese poder?

—Es el Espíritu Santo —me dijo con total simpleza—. Yo lo vi. Él me lo mostró.

—¿El Espíritu Santo?

—Sí, te dispara rayos de poder cuando hablas en la iglesia.

Si sobre las cabezas de las personas hubiera globos como en las historietas, el mío habría estado lleno de signos de interrogación y exclamación. Todos los domingos por la mañana, antes de dar el sermón, oro más o menos la misma plegaria: «Dios, si no me das tu ayuda esta mañana, mi mensaje será un fracaso». A la luz de las palabras de Colton, me di cuenta de que había estado orando sin saber por qué oraba. El simple hecho de imaginar que Dios me respondía «disparando rayos de poder» pues... era simplemente increíble.

Estas conversaciones con Colton a veces daban vuelcos ines-
perados, casi superrealistas, como entrar en una casa de Kansas
y acabar en la tierra de Oz. Yo creía saber en lo que me estaba
metiendo —por ejemplo, en una simple conversación sobre cómo
es el trono de Dios— pero solía terminar en el camino amarillo,
oyendo cosas que nunca había imaginado que oiría desde este
lado del cielo, y *mucho menos* de boca de mi pequeñito.

VEINTICUATRO

EL MOMENTO DE ALI

Después del nacimiento de Colby, Sonja y yo descubrimos que la dinámica de llevar a los niños con nosotros a donde fuéramos había cambiado. Ahora nos llevaban ventaja: eran tres contra dos. Decidimos que había llegado el momento de tener una niñera regular, por lo que contratamos a Ali Titus, una niña muy madura y responsable del octavo año de la escuela secundaria, para que cuidara a los niños. Si bien mis días de arrojarme para tocar la base habían terminado, Sonja y yo seguíamos jugando al sóftbol los lunes por la noche en el equipo de los «viejos».

Una tarde de lunes del 2005, Ali vino a cuidar a Cassie, Colton y Colby para que Sonja y yo pudiéramos ir a nuestro encuentro deportivo. Regresamos a casa alrededor de las diez de la noche. Sonja se bajó del automóvil y entró para ver cómo estaban Ali y los niños, mientras yo cerraba el garaje, de modo que no me enteré de lo que sucedió adentro hasta un momento después.

La puerta interior del garaje da a nuestra cocina, y, según me contaría más tarde, cuando Sonja entró a la casa por esa puerta encontró a Ali lavando los platos de la cena y... llorando.

—Ali, ¿qué sucede? —le preguntó Sonja.

¿Le sucedería algo a Ali? ¿O habría algún problema con los niños?

Ali sacó las manos del fregadero y las secó con un paño de cocina.

—Mmm... realmente no sé cómo decir esto, señora Burpo —comenzó.

Miraba el piso, con duda en el rostro.

—Está bien, Ali —dijo Sonja—. ¿Qué sucede?

Ali levantó la vista, los ojos llenos de lágrimas.

—Pues, lamento preguntarle esto, pero... ¿tuvo usted una pérdida no deseada?

—Sí, así es —dijo Sonja sorprendida—. ¿Cómo lo supiste?

—Eh... Colton y yo tuvimos una conversación.

Sonja invitó a Ali a sentarse junto a ella en el sofá para que le contara qué había sucedido.

—Fue después de que acosté a Colby y a Colton —comenzó su relato.

Cassie había ido a su habitación, en la planta baja, y Ali le había dado un biberón a Colby y luego lo había acostado en su cuna, en la planta alta. Después cruzó el corredor, arropó a Colton en su cama y regresó a la cocina para limpiar los platos de la comida que había servido a los niños.

—Apenas cerré el agua del fregadero, escuché a Colton llorar.

Ali le dijo a Sonja que fue a verlo y lo encontró sentado en su cama con el rostro bañado en lágrimas.

—¿Qué sucede, Colton? —le preguntó.

Colton gimoteó y se secó los ojos.

—Extraño a mi hermana.

Ali sonrió, aliviada porque, al parecer, el problema era fácil de solucionar.

—Oh, cielo, ¿quieres que baje a buscarla?

Colton negó con la cabeza.

—No, extraño a mi *otra* hermana.

Ali estaba confundida.

—¿Tu otra hermana? Sólo tienes un hermano y una hermana, Cassie y Colby, ¿no es así?

—No, tengo otra hermana —dijo Colton—. La vi en el cielo.

Dicho eso, echó a llorar otra vez.

—La extraño mucho.

Mientras Ali le contaba a Sonja esta parte de la historia, se le llenaron los ojos de lágrimas.

—No supe qué decir, señora Burpo. Colton estaba muy alterado. Entonces le pregunté cuándo había visto a su otra hermana.

Colton le respondió:

—Cuando era pequeñito, me operaron y morí. Fui al cielo y vi a mi hermana.

Luego, según Ali le contó a Sonja, Colton volvió a echarse a llorar, sólo que esta vez más fuertemente.

—No entiendo por qué mi hermana está muerta —dijo—. No sé por qué está en el cielo y no aquí.

Ali, en «estado de shock», según sus propias palabras, se quedó sentada en la cama junto a Colton. Esa situación definitivamente no figuraba en la típica lista de «casos de emergencia», a saber: (1) A quién llamar en caso de incendio; (2) a quién llamar en caso de enfermedad; (3) a quién llamar en caso de que el niño mencionara una experiencia sobrenatural.

Ali sabía que Colton había estado muy enfermo hacía unos años y que había pasado un tiempo en el hospital, pero no sabía lo que había sucedido en la sala de operaciones. Ahora, mientras Colton se quitaba de encima sus sábanas y mantas y se trepaba a su regazo, no sabía qué decirle. De modo que Colton lloraba, y ella lloró con él.

—Extraño a mi hermana—, resopló Colton apoyando la cabeza en el hombro de Ali.

—Shh… está bien, Colton —dijo Ali—. Hay una razón para todo. Y se quedaron así, Ali meciendo a Colton hasta que, llorando, se quedó dormido en sus brazos.

Ali terminó su historia y Sonja la abrazó. Más adelante, Ali nos contó que durante las dos semanas siguientes no pudo dejar de pensar en lo que le había dicho Colton y en el hecho de que Sonja le hubiera confiado que, antes de la cirugía, Colton no sabía nada sobre aquella pérdida.

Ali se había criado en un hogar cristiano pero tenía sus dudas, como nos sucede a muchos; por ejemplo, ¿cómo sabemos que una religión es diferente o mejor que otra? Según Ali, la historia que Colton le contó sobre su hermana había fortalecido su fe.

—Oírlo describir el rostro de la niña... no es algo que alguien de escasos seis años pueda inventar. Ahora, cada vez que tengo dudas, me imagino el rostro de Colton, las lágrimas corriéndole por las mejillas cuando me dijo lo mucho que extrañaba a su hermana.

VEINTICINCO

LAS ESPADAS DE LOS ÁNGELES

Desde el punto de vista de un niño, posiblemente lo mejor del 2005 haya sido el estreno de la película *Las crónicas de Narnia: El león, la bruja y el guardarropa*. Llevamos a los niños a ver la película en pantalla grande en la época navideña. Sonja y yo estábamos ansiosos por ver la primera adaptación de alta calidad de la serie «Las crónicas de Narnia» de C. S. Lewis, libros que habíamos disfrutado en nuestra niñez. A Colton lo que más lo entusiasmaba de la película era que trataba sobre buenos que luchaban contra los malos a fuerza de espadas.

A comienzos del 2006, alquilamos una copia de la película en DVD y nos acomodamos en la sala para disfrutar de una noche de cine familiar. En lugar de sentarnos en los sillones, todos nos ubicamos sobre la alfombra. Sonja, Cassie y yo nos apoyamos contra el sofá, mientras que Colton y Colby se pusieron de rodillas delante de nosotros para alentar a Aslan, el león guerrero, y a los hermanos Pevensie: Lucy, Edmund, Peter y Susan. Nuestra casa olía como un cine gracias a los platos llenos de rosetas de maíz con mantequilla marca Act II que habíamos preparado en el horno de microondas y que habíamos dispuesto alrededor, al alcance de la mano.

En caso de que no hayas visto *Las crónicas de Narnia: El león, la bruja y el guardarropa*, la acción trascurre durante la Segunda Guerra Mundial, cuando deportan de Londres a los hermanos Pevensie y los envían a la casa de un profesor excéntrico. Lucy, Edmund, Peter y Susan están de lo más aburridos, hasta que Lucy tropieza con un guardarropa encantado que da a un reino mágico llamado Narnia. En Narnia, los animales pueden hablar, y el reino está habitado por otras criaturas como enanos, duendes y centauros. El territorio está gobernado por el león Aslan, un rey bondadoso y sabio, pero su archienemiga, la Bruja Blanca, hace un hechizo para que en Narnia siempre fuera invierno pero nunca Navidad. En el mundo real, los hermanos Pevensie son niños normales, pero en Narnia son príncipes y princesas que se convierten en guerreros para luchar del lado de Aslan.

Esa noche, mientras mirábamos la escena final de batalla fantástica-medieval, Colton —entonces de seis años— estaba completamente absorto en la pelea en que unas criaturas aladas dejaban caer peñascos desde el cielo, y los hermanos Pevensie, vestidos para la batalla, se batían a espada limpia contra el ejército del mal de la Bruja Blanca. Durante la lucha, Aslan se sacrifica para salvar a Edmund, pero luego vuelve a la vida y mata a su archienemiga, momento en el que Colton se puso en pie de un salto y elevó un puño en un gesto de victoria. Como ya comenté,

Colton es un niño que ve las cosas en blanco y negro, al que le encanta que triunfen los buenos.

Mientras los créditos subían por la pantalla del televisor y Colby acababa con los restos de las rosetas de maíz, Sonja le dijo a Colton de manera completamente informal:

—Supongo que hay una cosa que no te gustó del cielo: la falta de espadas.

La gran emoción de Colton desapareció en un instante como si una mano invisible hubiera pasado un borrador sobre su sonrisa. Desplegó toda su altura y miró a Sonja desde arriba, puesto que ella seguía sentada en el piso.

—¡*Sí* hay espadas en el cielo! —dijo en un tono insistente.

Sorprendida por su intensidad, Sonja me miró de reojo, luego, volvió la cabeza y sonrió a Colton.

—Eh… de acuerdo. ¿Para qué necesitan espadas en el cielo?

—Mamá, Satanás todavía no está en el infierno —respondió Colton en un tono bastante parecido a una reprimenda—. ¡Los ángeles llevan espadas para mantener a Satanás alejado del cielo!

Una vez más, un pasaje de la Biblia saltó en mi cabeza; esta vez, del libro de Lucas, donde Jesús les dice a sus discípulos: «Yo veía a Satanás caer del cielo como un rayo».[1] También recordé un pasaje del libro de Daniel en el que éste cuenta que un ángel lo visitó en respuesta a sus plegarias y le dijo que se demoró veintiún días porque estuvo luchando contra el «rey de Persia».[2] Por lo general, los teólogos interpretan esto como una batalla espiritual en la que Gabriel luchó contra las fuerzas de oscuridad.

Ahora bien, ¿cómo podía saber todo eso un niño de seis años? Es cierto que Colton ya llevaba dos años más de escuela dominical, pero yo sabía de primera mano que nuestro plan de estudios no incluía lecciones sobre dónde vivía Satanás.

Mientras se me cruzaban todos estos pensamientos por la cabeza, me di cuenta de que Sonja no sabía qué decirle a Colton, quien todavía tenía el ceño fruncido. Su rostro mostraba la misma irritación que vi cuando sugerí que en el cielo oscurecía. Decidí intervenir para distender la situación.

—Oye, Colton, apuesto a que preguntaste si podían darte una espada.

El ceño fruncido de Colton se transformó en una expresión de abatimiento, y dejó caer los hombros.

—Sí, pero Jesús no me dejó. Dijo que sería muy peligroso.

Ahogué una risita. Me preguntaba si Jesús había querido decir que Colton sería peligroso para sí mismo o para los demás.

En nuestras conversaciones anteriores sobre el cielo, Colton nunca había mencionado a Satanás, y ni a Sonja ni a mí se nos había ocurrido preguntar al respecto. Cuando piensas en el «cielo», imaginas ríos de cristal y calles de oro, no duelos de espadas entre ángeles y demonios.

Sin embargo, ahora que Colton había sacado el tema, decidí indagar un poco más.

—Oye, Colton —dije—. ¿*Viste* a Satanás?

—Sí, lo vi.

—¿Qué aspecto tiene?

Cuando dije esto, Colton se puso tenso, hizo una mueca y entrecerró los ojos. No dijo nada más. Ni una sola palabra. En ese momento terminó la conversación de la noche.

Después de eso, volvimos a preguntarle sobre Satanás en algunas ocasiones, hasta que finalmente nos rendimos porque, cada vez que lo hacíamos, reaccionaba de manera desconcertante: era como si en un instante se transformara de un niñito alegre en alguien que sale disparado a un refugio de seguridad, tranca la puerta, asegura las ventanas y baja las persianas. Era evidente que además de arco iris, caballos y calles doradas, había visto algo desagradable; algo sobre lo que no quería hablar.

VEINTISÉIS

LA GUERRA POR VENIR

Unos meses más tarde, me surgió un trabajo en McCook, un pueblo a unos cien kilómetros de Imperial y sede del Wal-Mart más cercano. Para muchos estadounidenses, conducir una hora para ir a Wal-Mart es demasiado, pero aquí, en el campo, te acostumbras rápido a cosas como esas. Llevé a Colton conmigo, y al regreso tuvimos una conversación que nunca olvidaré. Si bien nuestro hijo ya me había hablado sobre el cielo y hasta sobre mi propio pasado, nunca antes me había dado un indicio de que conociera mi futuro.

Estábamos regresando por Culbertson, el primer pueblo al oeste de McCook, y pasamos junto a un cementerio. Colton, ya sin asiento de seguridad, miraba por la ventana del asiento del acompañante las hileras de lápidas que se desplegaban junto al camino.

—Papá, ¿dónde está enterrado Pop? —me preguntó.

—Pues, su cuerpo está enterrado en un cementerio en Ulysses, Kansas, donde vive la abuela Kay —le contesté—. La próxima vez que vayamos, puedo llevarte si lo deseas. Pero tú sabes que no es allí donde está Pop.

Colton siguió mirando por la ventana.

—Sí, lo sé. Está en el cielo y tiene un cuerpo nuevo. Jesús me dijo que si no vas al cielo, no obtienes un cuerpo nuevo.

Alerta, pensé. *Nueva información.*

—¿De veras?

—Sí. ¿Sabías que habrá una guerra?

—¿Una guerra? ¿A qué te refieres?

No estaba del todo seguro si seguíamos hablando del cielo.

—Habrá una guerra y esa guerra destruirá este mundo. Jesús y los ángeles y las personas buenas lucharán contra Satanás y los monstruos y los malos. Yo lo vi.

Inmediatamente pensé en la batalla descrita en el libro del Apocalipsis y se me aceleró el corazón.

—¿Cómo que lo viste?

—En el cielo, las mujeres y los niños pueden quedarse atrás y mirar, de modo que me quedé atrás y miré.

Extrañamente, su voz parecía animada, como si me estuviera contando una película que le había gustado.

—Pero los hombres deben pelear. Papá, te vi a ti también. Tú también tienes que pelear.

Intenta escuchar algo como esto y mantenerte en tu carril. De pronto, el chirrido de los neumáticos contra el asfalto parecía inusitadamente alto, como un quejido muy agudo. El corazón me latía tan fuerte que sentía el pulso en la garganta.

Otra vez la cuestión del «tiempo celestial».

Colton ya había hablado sobre mi pasado y había visto personas «muertas» en el presente. Ahora decía que, entre todas esas cosas, también le habían mostrado el futuro. Me pregunto si esos conceptos —pasado, presente y futuro— sólo funcionan en la Tierra. Después de todo, quizá el tiempo no sea lineal en el cielo.

Pero yo tenía otra inquietud más apremiante:

—¿Dijiste que luchamos contra monstruos?

—Sí —respondió alegremente—. Como dragones y cosas así.

Yo no soy de esos predicadores que viven hablando de la profecía del final de los tiempos, pero recordé una sección particularmente vívida del Apocalipsis.

En aquellos días la gente buscará la muerte, pero no la encontrará; desearán morir, pero la muerte huirá de ellos. El aspecto de las langostas era como de caballos equipados para la guerra. Llevaban en la cabeza algo que parecía una corona de oro, y su cara se asemejaba a un rostro humano. Su crin parecía cabello de mujer, y sus dientes eran como de león. Llevaban coraza como de hierro, y el ruido de sus alas se escuchaba como el estruendo de carros de muchos caballos que se lanzan a la batalla. Tenían cola y aguijón como de escorpión; y en la cola tenían poder para torturar a la gente durante cinco meses.[1]

Durante siglos, los teólogos se han sumergido en pasajes como estos en busca de simbolismos: tal vez la combinación de todas esas partes del cuerpo se refiere a algún tipo de territorio, o cada una de ellas representa a un reino. Otros sugirieron que la «coraza como de hierro» se refiere a una especie de maquinaria militar moderna que Juan no puede describir por falta de punto de comparación.

También es posible que nosotros, adultos sofisticados, hayamos intentado hacer las cosas más complicadas de lo que son. Quizá somos demasiado «inteligentes» o educados como para referirnos a estas criaturas con el lenguaje simple de un niño: como monstruos.

—Eh… Colton… Dijiste que lucho contra los monstruos. ¿Qué tengo para luchar?

Esperaba que me dijera un tanque, un lanzamisiles tal vez… No sé, algo que pudiera usar para luchar a la distancia.

Colton me miró y sonrió.

—Te dan o una espada o un arco con flechas, pero no recuerdo qué tenías tú.

Quedé boquiabierto.

—¿Quieres decir que debo luchar contra los monstruos con una espada?

—Sí, papi, pero está bien —me dijo como para darme ánimo—. Jesús gana y arroja a Satanás al infierno. Yo lo vi.

Vi además a un ángel que bajaba del cielo con la llave del abismo y una gran cadena en la mano. Sujetó al dragón, a aquella serpiente antigua que es el diablo y Satanás, y lo encadenó por mil años. Lo arrojó al abismo, lo encerró y tapó la salida para que no engañara más a las naciones, hasta que se cumplieran los mil años. Después habrá de ser soltado por algún tiempo. Cuando se cumplan los mil años, Satanás será liberado de su prisión, y saldrá para engañar a las naciones que están en los cuatro ángulos de la tierra —a Gog y a Magog—, a fin de reunirlas para la batalla. Su número será como el de las arenas del mar. Marcharán a lo largo y a lo ancho de la tierra, y rodearán el campamento del pueblo de Dios, la ciudad que él ama. Pero caerá fuego del cielo y los consumirá por completo. El diablo, que los había engañado, será arrojado al lago de fuego y azufre, donde también habrán sido arrojados la bestia y el falso profeta. Allí serán atormentados día y noche por los siglos de los siglos.[2]

Colton estaba describiendo la batalla del Apocalipsis y decía que yo pelearía en ella. Por enésima vez en los dos años que habían transcurrido desde que nos dijera por primera vez que había visto ángeles en el hospital, todo me daba vueltas. Seguí conduciendo, mudo, por varios kilómetros más, mientras estas nuevas imágenes me revoloteaban por la cabeza. También estaba sorprendido por la actitud despreocupada de Colton, que era algo así como: «¿Qué te preocupa, papá? Ya te dije: llegué hasta el último capítulo, y ganan los buenos».

Al menos, eso era reconfortante. Mientras atravesábamos los alrededores de Imperial, decidí adoptar su actitud.

—Pues, hijo, supongo que si Jesús quiere que luche, lucharé —dije.

Colton miraba por la ventana otra vez, pero se dio la vuelta hacia mí y vi que la expresión de su rostro se había puesto seria.

—Sí, papá —me dijo—. Sé que lo harás.

VEINTISIETE

ALGÚN DÍA, LO VEREMOS

Recuerdo la primera vez que hablamos en público sobre la experiencia de Colton. Fue el 28 de enero de 2007, durante el servicio religioso vespertino de la Iglesia Wesleyana de Mountain View en Colorado Springs. Durante el servicio matinal, di un sermón sobre Tomás, el discípulo que se enfadó porque todos los demás discípulos, María Magdalena incluida, habían visto a Cristo resucitado menos él. Esta historia figura en el Evangelio según San Juan:

> Tomás, al que apodaban el Gemelo, y que era uno de los doce, no estaba con los discípulos cuando llegó Jesús. Así que los otros discípulos le dijeron:
> —¡Hemos visto al Señor!
> —Mientras no vea yo la marca de los clavos en sus manos, y meta mi dedo en las marcas y mi mano en su costado, no lo creeré —repuso Tomás.

Una semana más tarde estaban los discípulos de nuevo en la casa, y Tomás estaba con ellos. Aunque las puertas estaban cerradas, Jesús entró y, poniéndose en medio de ellos, los saludó.

—¡La paz sea con ustedes!

Luego le dijo a Tomás:

—Pon tu dedo aquí y mira mis manos. Acerca tu mano y métela en mi costado. Y no seas incrédulo, sino hombre de fe.

—¡Señor mío y Dios mío! —exclamó Tomás.

—Porque me has visto, has creído —le dijo Jesús—; dichosos los que no han visto y sin embargo creen.[1]

A esta historia se debe el término «Tomás, el incrédulo», usado para describir a una persona que se niega a creer en algo sin evidencia física o experiencia personal directa. En otras palabras, una persona sin fe.

En mi sermón de esa mañana, hablé sobre mi propio enfado y mi falta de fe, sobre los momentos tormentosos que pasé en aquella pequeña habitación del hospital descargando mi furia contra Dios, y sobre la forma en que Dios me respondió, por medio de mi hijo, diciéndome: «Estoy aquí».

Las personas que asistieron al servicio esa mañana les dijeron a sus amigos que un pastor y su esposa cuyo hijo había visto el cielo contarían más sobre esa historia en el servicio vespertino. Esa noche, la iglesia estaba llena. Colton, ya de siete años, estaba sentado en la segunda fila con su hermano y su hermana, y Sonja y yo contamos la historia de su experiencia tan bien como pudimos en apenas cuarenta y cinco minutos. Hablamos sobre Pop y sobre el encuentro de Colton con la hermana que no había nacido y luego contestamos preguntas por otros tres cuartos de hora.

Alrededor de una semana después de que regresáramos a Imperial, estaba en mi oficina en el sótano de la casa, descargando el correo electrónico cuando vi un mensaje de la familia en cuya casa nos habíamos hospedado los cinco durante nuestra visita a la Iglesia Wesleyana de Mountain View. Unos amigos de nuestros anfitriones habían estado presentes en la iglesia el día de nuestra charla y escucharon las descripciones del cielo de Colton. A través de nuestros anfitriones, estas personas nos habían hecho llegar un correo electrónico sobre un informe que la CNN había emitido unos dos meses antes, en diciembre de 2006. La historia era sobre una niña lituano-estadounidense llamada Akiane Kramarik que vivía en Idaho. Según el correo electrónico, Akiane —se pronuncia Akiana—, de doce años en el momento del reportaje de la CNN, había comenzado a tener «visiones» del cielo a los cuatro años. Sus descripciones del cielo eran notoriamente similares a las de Colton, y los amigos de la familia que nos hospedó en Mountain View pensaron que podíamos estar interesados en el reportaje.

Sentado frente al monitor, hice clic en el enlace al reportaje de tres minutos que comenzaba con una lenta pieza clásica en violonchelo como música de fondo. Luego, se escucha al locutor: «Una artista autodidacta cuya inspiración proviene "del cielo". Pinturas espirituales, emotivas… y creadas por un prodigio de doce años».[2]

Lo de prodigio era cierto. Con el violonchelo de fondo, la película mostraba una pintura tras otra de personajes angélicos,

paisajes idílicos y el perfil de un hombre que a todas luces preten-
día ser Jesús. A continuación, se veía a una niña llenar de colores
un lienzo. Pero las pinturas no parecían ser obra de una niña, ni
siquiera de un adulto que estuviera aprendiendo a pintar retratos. Se trataba de obras sofisticadas que bien podrían exhibirse
en las paredes de cualquier galería.

Según dijo el locutor, Akiane comenzó a pintar a los seis
años, pero ya a los cuatro «había comenzado a describirle a su
madre sus visitas al cielo».

Luego, Akiane habla por primera vez en el reportaje: «Todos
los colores eran de otro mundo. Existen cientos de millones de
colores que no conocemos todavía».

El narrador continúa diciendo que la madre de Akiane era
atea, y que el concepto de Dios nunca se había discutido en
su hogar. La familia no miraba televisión, y Akiane no asis-
tía a ninguna institución de educación preescolar. De manera
que cuando la niña comenzó a contar sus historias sobre el
cielo y a retratarlas, primero en dibujos y luego en pinturas,
su madre supo que su hija no había escuchado esas cosas en
ningún lado. Lentamente, su madre comenzó a aceptar que
las visiones de Akiane eran reales y, por ende, que Dios debía
de ser real.

«Creo que Dios sabe en qué familia pone a los niños», dijo la
señora Kramarik.

Recordé lo que Jesús le dijo a sus discípulos en una ocasión
en que estos intentaban evitar que unos niños lo «molestaran».:
«Dejen que los niños vengan a mí».[3]

Tomé una nota mental para mis sermones: la historia de Akiane demostraba que Dios puede llegar a cualquier persona, de cualquier edad, en cualquier lugar, incluida una niña en edad preescolar de un hogar en el que Su nombre jamás se había mencionado.

Pero esta no era la lección que Dios tenía para mí aquel día.

Mientras miraba un montaje de las obras de Akiane en la pantalla del monitor, el narrador dijo: «Akiane describe a Dios tan vívidamente como lo pinta».

En ese momento, un retrato en primer plano del rostro de Cristo llenó la pantalla. Era del mismo estilo que muchos que había visto antes, sólo que en este caso Jesús miraba directamente «a la cámara», para decirlo de algún modo.

«Es puro», decía Akiane. «Es muy masculino, muy grande y fuerte. Y sus ojos son hermosos».

Guao. Habían pasado casi tres años desde la cirugía de Colton y alrededor de dos años y medio desde que me describiera a Jesús por primera vez una noche en ese mismo sótano. Me sorprendieron las similitudes entre sus recuerdos y los de Akiane: todos los colores del cielo, por ejemplo... y especialmente sus descripciones de los ojos de Jesús.

«Y sus ojos», había dicho Colton. «Ah, papá, ¡tiene unos ojos *tan* hermosos!»

Qué interesante que dos niños de cuatro años hubieran centrado su atención en lo mismo. Cuando terminó el reportaje de la CNN, retrocedí la película hasta el segundo retrato de Jesús, una pintura pasmosamente realista que Akiane había pintado a los ocho años. Los ojos, de un azul verdoso claro bajo unas espesas cejas oscuras, eran en verdad llamativos, y la mitad del rostro se encontraba en penumbras. Noté que el cabello era más corto que como lo pintan muchos artistas. La barba también era diferente; en la pintura se veía como más poblada... más... ¿cómo decirlo?... más informal.

Hasta el momento, Colton no había encontrado un retrato de Jesús que le pareciera correcto entre las literalmente docenas de imágenes que habíamos visto.

Pues, pensé, *no pierdo nada con preguntarle qué opina del intento de Akiane.*

Me levanté del escritorio y llamé a gritos a Colton por el hueco de las escaleras para que viniera al sótano.

—¡Ahí voy! —respondió.

Bajó los escalones y entró en la oficina.

—¿Sí, papá?

—Échale un vistazo a éste —le dije y señalé el monitor con un movimiento de cabeza—. ¿Qué está mal aquí?

Observó la pantalla y se mantuvo en silencio por un momento.

—¿Colton?

Colton simplemente estudiaba la imagen, inmóvil. Yo no lograba interpretar su expresión.

—¿Qué es lo que está mal en este, Colton? —volví a preguntar.

Silencio absoluto.

Lo codeé ligeramente en el brazo.

—¿Colton?

Mi hijo de siete años se dio la vuelta hacia mí y me dijo:

—Este está bien, papá.

Sabiendo cuántos retratos había rechazado Colton hasta el momento, Sonja y yo sentimos que finalmente habíamos visto el rostro de Jesús en el retrato de Akiane; o, al menos, un rostro pasmosamente parecido al de Jesús.

Estábamos bastante seguros de que ninguna pintura podría captar la majestuosidad de Cristo resucitado. Aun así, tras tres años de examinar retratos de Jesús, sabíamos que la representación de Akiane no sólo era diferente de las típicas pinturas de Jesús sino que también era la única que había dejado a Colton de una pieza. A Sonja y a mí nos pareció interesante que cuando Colton dijo «este está bien» no tenía idea de que el retrato, llamado *Prince of Peace: The Resurrection* (Príncipe de paz: la resurrección), era obra de una niña, una niña que también decía haber visitado el cielo.

Tener finalmente una idea del verdadero aspecto de Jesús no fue lo único interesante que resultó de nuestra visita a la Iglesia Wesleyana de Mountain View. Ese viaje también fue la primera vez que nos dimos cuenta del impacto que tendría en la Tierra el encuentro de Colton con su hermana en el cielo.

Después del servicio religioso de esa noche de enero de 2007, se me acercó una joven madre con los ojos llenos de lágrimas.

—Perdí un bebé —nos dijo—. Nació muerta. ¿Sabrá su hijo si mi bebé está en el cielo?

La voz de la mujer temblaba, al igual que su cuerpo.

Oh, Dios, ¿quién soy yo para responder esta pregunta?

Colton había dicho que había muchos, muchísimos, niños en el cielo. Pero no podía simplemente preguntarle si había visto al bebé de esta mujer en particular. Por otra parte, tampoco quería dejarla con su dolor.

En ese momento, un niñito de unos seis o siete años se acercó y se quedó junto a la mujer, colgado de su falda. De pronto, recibí una respuesta.

—Señora, ¿cree usted que Dios me ama? —le pregunté.

Pestañeó, y las lágrimas rodaron por sus mejillas.

—Pues… sí.

—¿Cree que a usted la ama tanto como me ama a mí?

—Sí, sí, lo creo.

Señalé con la cabeza al hijo que tenía a su lado.

—¿Cree que Dios ama a este niño como ama a Colton?

Hizo una pausa para procesar la pregunta. Luego respondió:

—Sí, por supuesto.

—Pues, si usted cree que Dios la ama a usted tanto como a mí y que ama a su hijo vivo tanto como a mi hijo vivo, ¿no cree que Él ama a su hija sin nacer tanto como a la mía?

De repente, la mujer dejó de temblar y sonrió.

—Nunca lo había pensado de esa forma —dijo.

En voz baja elevé una oración a Dios para agradecerle por la ayuda del Espíritu Santo. Sin duda, me había «disparado rayos de poder» cuando me dio esa respuesta para aquella madre que sufría. Te lo aseguro: no soy tan inteligente como para que se me ocurra una respuesta semejante.

Esa no sería la última vez que la historia de Colton nos puso a Sonja o a mí en la necesidad de tener que intentar responder preguntas monumentales. Sin embargo, las personas que transitaron esa experiencia con nosotros también encontraron respuestas a algunas preguntas por sí mismas.

Tal como mencioné anteriormente, antes de que nos dijeran que podíamos marcharnos del hospital de North Platte, tuvimos un desfile de enfermeras en la habitación de Colton. Antes, cuando las enfermeras venían a la habitación, le chequeaban los signos vitales y apuntaban los datos en tablas. Ahora venían sin razones médicas, sólo para echarle un vistazo al niñito que apenas dos días antes había estado más allá de sus habilidades médicas y ahora estaba sentado en la cama conversando con todos y jugando con su nuevo león de felpa. En esos días, una de las enfermeras me llamó a un costado y me dijo:

—Señor Burpo, ¿puedo hablar con usted un momento?

—Por supuesto —le dije.

Señaló una habitación que quedaba frente a la de Colton.

—Entremos aquí.

Mientras me preguntaba qué sucedería, la seguí a lo que parecía una pequeña sala de descanso. Una vez que estuvimos adentro, cerró la puerta y se dio la vuelta para quedar frente a mí. Sus ojos tenían un brillo profundo, como si algo nuevo acabara de florecer en ella.

—Señor Burpo, llevo muchos años como enfermera aquí —comenzó—. No debería decirle esto, pero nos informaron que no debíamos darle esperanzas a su familia. No creían que Colton sobreviviera, y cuando nos dicen que alguien no sobrevivirá, eso es lo que sucede.

Pareció dudar un momento. Luego, continuó:

—Pero al ver cómo está su hijo hoy, esto es un milagro. Debe de haber un Dios, porque esto es un milagro.

Le agradecí su confianza y le dije:

—Quiero que sepa que, para nosotros, esto se debe a Dios. Los miembros de nuestra iglesia se reunieron a orar por Colton anoche, y creemos que Dios respondió nuestras plegarias.

La enfermera miró el piso por un momento, luego volvió a mirarme y sonrió.

—Pues, sólo quería decirle eso —me dijo y se marchó.

Se me ocurre que aquella enfermera tal vez no quería escuchar un sermón de un pastor. Pero lo cierto era que no necesitaba un sermón; acababa de ver uno.

En referencia a la experiencia de Colton en el cielo, algunas personas nos dijeron: «¡Su familia ha sido tan bendecida!»

Sé que tienen buenas intenciones y que tienen razón en el sentido de que pudimos echar un vistazo a través del velo que separa la Tierra de la eternidad.

Pero también pienso: *¿Bendición? Vimos prácticamente morir a nuestro hijo.*

Es divertido hablar del cielo, del trono de Dios, de Jesús, de Pop y de la hija que creímos haber perdido pero que algún día volveremos a encontrar. Pero la manera en que llegamos ahí no lo es. Recordar esos días terribles en que vimos a Colton aferrarse a la vida es algo que todavía nos llena los ojos de lágrimas. Hasta el día de hoy, la milagrosa historia de su visita al cielo y la situación en que casi perdemos a nuestro hijo son una misma cosa para nosotros.

Cuando era pequeño, me preguntaba por qué la cruz —la crucifixión de Jesús— era tan importante. Si Dios Padre sabía que levantaría a su Hijo de entre los muertos, ¿dónde estaba el sacrificio? Pero ahora entiendo por qué Dios no ve la Pascua como el final sino sólo como una tumba vacía. Ahora lo entiendo por completo. Yo habría hecho cualquier cosa —*cualquier cosa*— por detener el sufrimiento de Colton. Hasta habría cambiado de lugar con él.

La Biblia dice que mientras Jesús abandonaba su espíritu, mientras colgaba exánime de la cruz de los romanos, Dios Padre le dio la espalda. Estoy convencido de que lo hizo porque, si hubiera seguido mirando, no habría podido soportarlo.

A veces me preguntan: «¿Por qué Colton?, ¿por qué crees que le pasó esto a tu familia?» En más de una ocasión tuve que decir: «Pues, sólo somos personas normales de un pueblito de Nebraska. Lo mejor que podemos hacer es contarles a todos lo que nos sucedió y esperar que lo encuentren alentador, como la enfermera de North Platte, que tal vez necesitaba ver un milagro para creer que hay alguien más grande que nosotros. O como la señora de la Iglesia Wesleyana de Mountain View, que necesitaba un destello de esperanza para poder lidiar con su dolor. O como Sonja, que necesitaba sanar sus propias heridas maternales. O como mi madre, Kay, que tras veintiocho años de hacerse preguntas, finalmente sabe que algún día se reencontrará con su padre».

El libro de Apocalipsis y las demás enseñanzas bíblicas sobre el cielo están de algún modo fragmentados. Como pastor, siempre fui —y lo sigo siendo— muy precavido en cuanto a lo que digo sobre el cielo desde el púlpito. Enseño lo que encuentro en la Biblia.

Como tenía muchas preguntas para las que no tenía respuesta, nunca pasé mucho tiempo pensando en el cielo. Pero ahora sí lo hago. Sonja también lo hace, y muchas personas me dijeron que la historia de Colton también les hizo pensar más en el cielo. Todavía no tenemos todas las respuestas; no estamos ni cerca de tenerlas. Pero ahora tenemos una imagen en la mente, una imagen que podemos mirar y decir: «¡Guao!»

Me encanta la manera en que lo resume mi madre. «Desde que sucedió todo esto», me dijo, «pienso más en cómo será realmente el cielo. Antes aceptaba la idea del cielo, pero ahora lo visualizo. Antes había oído, pero ahora sé que, algún día, lo veré».

LA VIDA DESPUÉS DEL CIELO

Pasaron siete años desde que un viaje familiar ordinario se transformó en un viaje celestial que cambió nuestras vidas. Con frecuencia nos preguntan por qué esperamos tanto tiempo para contar la historia de Colton. Pues, tenemos un par de razones. En primer lugar, si bien ya pasaron siete años de la pesadilla hospitalaria, nuestro viaje de emergencia desde Greeley al doctor en Imperial resultó ser apenas el principio de la historia. Como leíste en estas páginas, recibimos los detalles del extraordinario viaje de Colton con cuentagotas durante meses y hasta años. De modo que, si bien pasó algo de tiempo desde su roce con la muerte, el resto de la historia tardó un tiempo en revelarse.

Luego, cuando comenzamos a contar lo que había sucedido, muchos nos dijeron: «¡Deberían escribir un libro!» a lo que Sonja y yo respondíamos: «¿Nosotros? ¿Escribir un libro? Sí, claro».

Por un lado, no creíamos que a alguien le interesara leer sobre *nosotros*. ¿Quiénes éramos para creer lo contrario? Por otra parte, estaba la cuestión de escribir el libro propiamente dicho. En la escala de grandes proezas, para nosotros eso estaba apenas un peldaño debajo de volar a la luna. Era cierto que yo había sido el editor del periódico universitario y que Sonja había escrito mucho para obtener su maestría. Pero también era cierto que ambos teníamos trabajos que nos encantaban, hijos pequeños que criar y una iglesia de la que ocuparnos. Y también teníamos que dormir ocasionalmente. No fue hasta que Phil McCallum, un amigo pastor, se ofreció a presentarnos a algunas personas y a ayudar a que nos rodeáramos de la gente adecuada en el mundo editorial, que pensamos que tal vez sí podríamos llegar a escribir un libro. Aun así, faltaba encontrar el momento oportuno para hacerlo.

Verás, como padres, estábamos preocupados por Colton. A muchas personas les encanta esta historia por todos los detalles sobre el cielo. A nosotros también nos gusta esa parte. Pero también está la parte del hospital en la que recorrimos senderos de terror y aflicción por lo que pareció una eternidad. Todo eso seguía fresco en la memoria, y no estábamos seguros de qué efecto tendría en Colton revivirlo. Además, estaba el asunto de cómo manejaríamos la atención que recibiríamos a causa de todo esto. Eso nos preocupaba y nos sigue preocupando. Venimos de pueblos pequeños, escuelas pequeñas, iglesias pequeñas. Lo «pequeño» es algo que Colton conoce. ¿Los reflectores? No estamos muy seguros.

Pero ahora, por supuesto, el libro ya está escrito. Sonja me dijo el otro día, riendo: «Supongo que tendremos que agregar "escribir un libro" a nuestra lista de aspiraciones sólo para poder tacharlo».

También nos han hecho otras preguntas. Los niños, sobre todo, quieren saber si Colton vio animales en el cielo. La respuesta es «¡sí!» Además del caballo de Jesús, Colton nos dijo que vio perros, aves y hasta un león, un león amistoso, no feroz.

Muchos de nuestros amigos católicos nos han preguntado si Colton vio a María, la madre de Jesús. La respuesta a esta pregunta también es afirmativa. Vio a María arrodillada ante el trono de Dios y otras veces la vio de pie junto a Jesús. «Ella lo sigue amando con amor de mamá», dijo Colton.

Otra pregunta que nos hacen todo el tiempo es qué cambios produjo en nosotros la experiencia de Colton. La primera respuesta que te daría Sonja es que esto nos quebró. Verás: los pastores y sus familias suelen estar más cómodos en el papel de «ayudadores» que en el de «ayudados». Sonja y yo siempre fuimos los que visitábamos enfermos, llevábamos comida, cortábamos el césped y cuidábamos niños ajenos cuando alguien lo necesitaba. Éramos cien por ciento autosuficientes; al verlo en retrospectiva, quizá hasta el punto de sentirnos orgullosos de serlo. Pero ese período extenuante en el hospital quebró nuestro orgullo como si fuera una ramita seca y nos enseñó a ser lo suficientemente humildes como para aceptar ayuda de los demás, tanto física como emocional y económica.

Es bueno ser fuerte y poder ayudar al prójimo. Sin embargo, aprendimos el valor de ser lo suficientemente vulnerables como para permitir que otros sean fuertes por nosotros, que otros nos bendigan, lo que a su vez resultó ser una bendición para ellos.

La historia de Colton también nos cambió en otro aspecto: ahora somos más osados. Vivimos en una época en la que las personas cuestionan la existencia de Dios. Como pastor, siempre me sentí cómodo hablando de mi fe, pero ahora hablo, además, de lo que le sucedió a mi hijo. Es la verdad y la cuento, y no debo disculparme con nadie por hacerlo.

Mientras tanto, aquí en Imperial la vida familiar transcurre igual que en los pueblos pequeños de todo Estados Unidos. Cassie tiene trece años y en el otoño comenzará la escuela secundaria. La de ayer fue una noche importante para ella: hizo una audición para el coro juvenil de la escuela y la seleccionaron. Nuestro hijo menor, Colby, también está llegando a un hito en su vida: este año comenzará el jardín de infancia, lo que es una buena noticia porque estaba comenzando a enloquecer a su maestra de preescolar.

En cuanto a Colton, cumplirá once años este mes y en septiembre entrará al sexto año de primaria. Es un niño normal en todo sentido. Practica lucha grecorromana y juega al béisbol. Toca el piano y la trompeta, pero no le encanta la escuela y su materia preferida es el recreo. Sigue hablando del cielo ocasionalmente, pero no mencionó haberlo vuelto a visitar o tener algún tipo de conexión constante con la eternidad. Pese a su viaje sobrenatural, su relación con sus hermanos es de lo más normal. Colby sigue a Colton a todas partes como buen hermano menor, y pelean sobre quién le quitó a quién sus figuras de acción. Cassie, por su parte, es la sufrida hermana mayor. Esto quedó demostrado perfectamente cuando, entre todos, intentábamos encontrar un buen título para el libro.

Yo sugerí *El cielo por cuatro*.

Sonja sugirió *El cielo según Colton*.

Cassie propuso *Regresó, pero no es un ángel*.

Al final, fue Colton quien inadvertidamente dio con el título. En la época navideña de 2009 hicimos un viaje familiar a Texas. Estábamos sentados con nuestra editora en un Starbucks de Dallas conversando sobre el libro, cuando ella miró al más grande de nuestros varones y le preguntó:

—Colton, ¿qué *tú* quieres que los lectores aprendan de tu historia?

Sin dudarlo, la miró a los ojos y le dijo:

—Quiero que sepan que el cielo es real.

Todd Burpo
Imperial, Nebraska
Mayo de 2010

CRONOLOGÍA DE EVENTOS

Julio de 1976—Lawrence Edelbert Barber, el abuelo de Todd Burpo al que él llamaba «Pop», muere en un accidente automovilístico entre Ulysses y Liberal, Kansas.

1982—Todd, de trece años, escucha y acepta el llamado de Cristo a servirlo como predicador del Evangelio.

29 de diciembre de 1990—Todd y Sonja Burpo se casan.

16 de agosto de 1996—Nace Cassie Burpo, la hermana mayor de Colton.

Julio de 1997—El pastor Todd y Sonja Burpo aceptan trasladarse a la Iglesia Wesleyana de Crossroads en Imperial, Nebraska.

20 de junio de 1998—Sonja Burpo pierde su segunda hija. Estaba embarazada de dos meses.

19 de mayo de 1999—Nace Colton Burpo.

Agosto de 2002—Todd se fractura la pierna jugando sóftbol.

Octubre de 2002—A Todd le diagnostican cálculos en los riñones.

Noviembre de 2002—Todd se descubre un bulto en el pecho y recibe un diagnóstico de hiperplasia.

27 de febrero de 2003—Colton se queja de dolor de estómago y tiene fiebre alta. Recibe un diagnóstico equivocado de gastroenteritis.

28 de febrero de 2003—La fiebre de Colton baja. Sus padres se alegran de que el niño esté bien, cuando en realidad se trata de un signo de perforación del apéndice.

1 de marzo de 2003—La familia Burpo visita el *Butterfly Pavilion* de Denver para celebrar la recuperación de Todd. Esa noche, Colton comienza a vomitar de manera incontrolable.

3 de marzo de 2003—Un médico de Imperial, Nebraska, revisa a Colton y descarta la posibilidad de apendicitis, pese a las sugerencias de los padres del niño.

5 de marzo de 2003—Todd y Sonja solicitan el alta de Colton del hospital de Imperial, Nebraska, y llevan a su hijo en automóvil hasta el Centro Médico Regional Great Plains en North Platte, Nebraska. El doctor Timothy O'Holleran se alista para operarlo.

5 de marzo de 2003—Colton soporta su primera cirugía, una apendicetomía. Tiene el apéndice perforado y un absceso.

13 de marzo de 2003—Colton es dado de alta del hospital. Cuando Todd y Sonja empujan su silla de ruedas dentro del elevador, el doctor O'Holleran grita desde el corredor que regresen. Los análisis de sangre indican que el conteo de glóbulos blancos de Colton se disparó. Una resonancia magnética revela dos abscesos más en el abdomen del niño.

13 de marzo de 2003—Colton soporta su segunda cirugía —una laparotomía— para drenar el absceso. Durante la cirugía, encuentran tres abscesos en total.

17 de marzo de 2003—El doctor O'Holleran dice a Todd y

Sonja que no hay nada más que pueda hacer por Colton. Recomienda que lo trasladen al Hospital Infantil de Denver. Una ventisca y sesenta centímetros de nieve bloquean todas las salidas de Imperial. La congregación de Todd se reúne para orar.

18 de marzo de 2003—A la mañana siguiente, Colton muestra sorprendentes signos de mejora y pronto está jugando como un niño normal. Recorre el camino para hacerse su tomografía dando saltitos, y el estudio revela que no tiene más obstrucciones.

19 de marzo de 2003—Tras diecisiete días angustiosos, la familia regresa a Imperial.

3 de julio de 2003—Mientras van en camino a visitar a sus primos en Dakota del Sur, Colton cuenta, en el estacionamiento de un restaurante Arby's en North Platte, Nebraska, el primero de muchos relatos del cielo. Después de ese, contaría muchos más.

4 de octubre de 2004—Nace Colby Burpo, el hermano menor de Colton.

19 de mayo de 2010—Colton Burpo cumple once años. Es un niño saludable.

NOTAS

Capítulo 2: El pastor Job
1. Mateo 10.24.

Capítulo 6: North Platte
1. 2 Samuel 12.13-14, parafraseado.
2. 2 Samuel 12.21-23, parafraseado.

Capítulo 9: Minutos como glaciares
1. Mateo 9.6.

Capítulo 12: Testigo del cielo
1. Marcos 9.3.
2. Apocalipsis 21.19-20.

Capítulo 13: Luces y alas
1. Hechos 1.9-11.
2. Mateo 28.3.
3. Hechos 6.15.
4. Apocalipsis10.1.
5. Mateo 18.3-4.
6. Daniel 10.4-6.

Capítulo 14: En tiempo celestial
1. 2 Pedro 3.8.

2. 2 Corintios12.2-4.
3. Apocalipsis 4.1-3.

Capítulo 18: La sala del trono de Dios
1. Hebreos 4.16.
2. Hebreos 12.2.
3. Apocalipsis 21.2-5, 22-23.
4. Hebreos 12.2.
5. Lucas 1.13-15, 18-19.
6. Hebreos 12.1.
7. Apocalipsis 21.23.

Capítulo 19: Jesús ama muchísimo a los niños
1. Apocalipsis 4.3.
2. Apocalipsis 21.18-20.
3. Mateo 7.7, 9-11.

Capítulo 25: Las espadas de los ángeles
1. Lucas 10.18.
2. Daniel 10.13.

Capítulo 26: La guerra por venir
1. Apocalipsis 9.6-10.
2. Apocalipsis 20.1-3, 7-10.

Capítulo 27: Algún día, lo veremos
1. Juan 20.24-29.
2. Akiane Kramarik, *Akiane: Her Life, Her Art, Her Poetry* (Nashville: Thomas Nelson, 2006).
3. Marcos 10.14.

ACERCA DE LOS BURPO

TODD BURPO es pastor de la Crossroads Wesleyan Church en Imperial, Nebraska (población: 1,762 en 2008), desde donde se transmiten sus sermones localmente todos los domingos a través de la estación radial del pueblo. Todd también trabaja para las escuelas públicas del condado Chase como entrenador de lucha para estudiantes de escuela intermedia y superior, y también es miembro de la junta escolar. En situaciones de emergencia, puedes encontrar a Todd trabajando hombro con hombro, como bombero voluntario, con el Departamento de Bomberos de Imperial. También es capellán de la Asociación Estatal de Bomberos Voluntarios de Nebraska. Para sostener a su familia, Todd también opera una compañía llamada Overhead Door Specialists. Todd se graduó, con honores *summa cum laude*, de la Oklahoma Wesleyan University en 1991, con un grado de bachillerato en Teología y fue ordenado en el 1994.

Sonja Burpo es la siempre ocupada mamá de Cassie, Colton y Colby. Además, trabaja como gerente de oficina en Moreland Realty. Con un grado de bachillerato en Educación Elemental de Oklahoma Wesleyan University, y una maestría en Ciencias Bibliotecarias y de Información, Sonja es maestra certificada en el estado de Nebraska. Ha enseñado en el sistema de educación pública tanto en Oklahoma como en Imperial. Sonja siente pasión por el ministerio de los niños, y también trabaja mano a mano con Todd en la administración de su compañía de portones para garajes.

ACERCA DE LYNN VINCENT

LYNN VINCENT es autora de *Same Kind of Different as Me,* un libro en la lista de los más vendidos del *New York Times*, que cuenta la historia de una amistad poco probable entre un comerciante de arte de la raza blanca y un hombre afroamericano sin techo; y de *Going Rogue: An American Life*, la autobiografía de Sarah Palin, ex gobernadora de Alaska y ex candidata a la vice presidencia de Estados Unidos.

Vincent es autora o coescritora de nueve libros. Además, trabajó durante once años para *WORLD Magazine*, la revista bisemanal de noticias nacionales, como redactora principal, luego como editora de artículos especiales, donde cubrió noticias de política, cultura y eventos de actualidad. Lynn es además veterana de las Fuerzas Armadas de Estados Unidos y conferenciante en redacción en el Instituto Mundial de Periodismo y en el King's College en la ciudad de Nueva York. Vincent vive en San Diego, California.